노을빛 퇴안길

신재석 지음

이화문화출판사

서 문

한 생애를 30년씩 구분 짓는다면 성장기와 활동기를 넘긴 마지막 30년은 이미 쓸모가 없어 물러 앉게 되는 시기가 된다. 물론 예외적으로 큰 일을 하는 노인도 많고, 예술 활동으로 식을 줄 모르는 정열을 쏟아 붓는 노인도 어렵지 않게 보고 있다.

죽을 사람도 살려내는 의학기술의 발달로 사망률이 줄어 노인 인구는 점증하여 수명은 날로 늘어나고 있다. 이러한 현실에서 65세 이상의 노인수가 무려 600만 명을 넘어섰고, 80세를 넘는 노인이 117만 명, 90세를 넘는 장수노인만도 16만 명에 이른다고 한다. 〈2015년 3월 연령별 인구현황 자료 참고〉

이같이 많은 노인의 부양과 보건, 복지 등을 전적으로 젊은 세대가 떠 안고가야 할 과제로 남다 보니 노인에 대한 사회적 인식이 곱지 않을 것은 어쩌면 당연한 일이라 아니할 수가 없다. 그런저런 이유로 노인에 대한 공경심은 땅에 떨어졌고, 다만 귀찮은 존재요, 심지어 학대를 경험한 노인도 상당수에 이른다. 그뿐이 아니다. 사회 안전에 대한 인식이 낮아 교통사고 등 사고를 유발하는 경우도 적지 않다.

이러한 제반 사항을 염두에 두고, 지난시대의 애환과 노인들이 맞이할 여생이 붉게 타는 단풍이 되고, 찬란한 저녁노을에 함께 물들 수 있기를 바라면서 인간 노을의 저물녘 뒤안길을 더듬어 보았다.

2015년 5월 1일 봄날에

양평 강남에서 신 재 석

차 례

1. 노인의 잉여지식剩餘知識

아 옛날이여

얼마 전까지만 해도 60세가 되면 환갑이라 해서 자식들은 정성을 다해 친지들을 초청하여 떠들썩하게 잔치를 베풀었다.

세도가나 부자가 아니어도 기생을 불러오고, 삼류 연예인이라도 불러서 한복 입혀 장구 치며 춤을 추어 축복했다. 나이 든 자식들이 재롱 떨고 어버이를 업고 돌며 효도의 본을 보이면 그 어버이는 이 세상의 모든 행복이 자기에게만 죄다 몰려오는 것 같은 즐거움을 만끽했고, 그날은 꽤나 으스댔다.

이것이 우리나라 고유한 풍습이다.

옛 사람들은 늙어도, 메말라도 정서는 있었다. 얽매인 삶 다 풀어놓고, 혼미해진 황혼의 길에 다가온 죽음도 아름다운 향기 속에 세상을 마치는 복 받은 죽음이라 일컬었다.

한 세대 이전에는 개울에 삼태기로 붕어 잡고, 뒷산의 햇살이 내리비치는 숲속에서 토끼를 쫓던 소박한 야취野趣를 즐긴 시절도 있었다. 그 시절만 하더라도 두멧 구석에서의 궁벽한 살림살이를 가리지 않고 술 한 잔에 안주거리라도 챙겨드리며 노인 대접하기를 극진했었다.

굶주리다시피 가난한 삶을 살면서도 다소 별식이다 싶으면 노인을 먼저 챙길 줄 알았다. 노인이 지나가면 그 앞에 서서 노인이 먼저 지나가기를 기다릴 줄 알았고, 그 앞을 가로 질러 앞서 가는 일이 없었다. 이것이 양보讓步라는 말의 어원이다.

그 시절에는 그렇듯 노인에 대해 대접할 줄 알았고, 예의를 지킬 줄도 알았는데 요즘 와서는 환갑은 고사하고, 칠순이 되어도 잔치는커녕 무료하게 건너뛰기가 일쑤다. “아 옛날이여” 하는 이선희의 노랫말을 참 잘 지었다는 생각이 든다. “더덜없이 옛날만 같아라” 하는 말도 요즘 와서는 먹히지 않는 부질없는 소리가 되었다. 사람은 나이로 늙는 것이 아니라 기분으로 늙는다. 이러한 섭섭함이 자식들과 외돌아 늙음을 더 보태는 것이다.

노인들은 자식들의 눈치만 살피는데, 자식들이나 현 사회는 그 어버이가 칠순만 되어도 벌써 고로孤露의 잔생殘生이라 여기고 이미 이울어진 무기질 인간으로 제쳐 놓고자 하는 경향이 다분하다.

그럼에도 불구하고 노인들은 인생 칠십 고래희라는 말은 이제 옛말이고, 백세 시대가 되었다면서 99, 88, 234라고 잘도 말한다. 99세까지 88하게 살다가 2~3일 안에 세상을 하직하기를 원하고 있다. 이런 것이 요즘 우리 사회의 노인들이 스스로 내린 이기적이고, 아전인수격인 편견임을 깨닫지 못하고 하는 말 같다.

100세를 산 노인에게 그만큼 살았으니 이제 그만 죽으라고 하면 “고얀 놈 네놈이나 죽어라” 하고 역정을 낸다고 한다. 100세를 살고도 죽기는 싫어한다는 말이 거짓은 아닌 성 싶다. 사람이 살다가 적당한 나이에 만족할 줄 모르고, 꽃잎에 앉은 아침이슬 같은 삶을 살면서도 더 오래 살기를 원하는 어리석음을 자기 스스로는 까맣게 잊고 있는 것이다.

불과 한 세대에 불과한 동안에 나타난 세태의 급진적 변화 속에 노인에 대한 사회적 시각이 판이하게 달라졌다. 즉 노인은 사회의 골칫거리요, 귀찮은 존재요, 애물단지로 급전직하의 몰골로 추락하고 말았다. 그리하여 현재와 과거 사이에 담장이 쳐지고, 그 담장의 벽이 점점 더 높아지고 있다는 사실이다.

노인들은 영원한 고독 속으로 침잠하는 슬픔을 체험하고 있으면서도 “우리는 지난 날에 국가를 위해 충성했다” 또는 “우리들은 이 사회를 위해 많은 공헌을 했다.” 하고 걸핏하면 내세운다. 아니라고 부정하지는 않는다. 그러나 그것을 받아줄 상대는 지새는 달처럼 희미한 그런 일 따위에는 관심조차 없어 한다는 사실을 전혀 모르고 있다는 것도 깨달아야 할 것이다.

노인들이 모여 앉으면 그간 살아왔던 이런저런 일들을 가물거리는 신기루처럼 아스라이 떠올리며 자기들의 과거사에 화두를 연다. 그런 족적은 모래위의 발자취를 물결이 지워버리듯 잊어야 함에도 아쉽다는 듯이 거의 공통된 이야기들로 되풀이로 자랑 삼는다.

자신이 머물고 있는 현 사회를 착각하고, 아직도 지나간 그 시절이 아쉬워 놓지 않고 있는 것이다.

노인의 권위와 수모

급변하는 사회를 제대로 읽지 못하고 아직까지도 권위를 내세워 대접 받기를 원하는 노인들이 있다. 그런 노인들이 위엄을 앞세워 젊은 사람들이 하는 짓이 못마땅하다 하여 어른 된 입장에서 타이르고 싶어 한다. 그러다가는 전철 안에서, 또는 전철역 구내에서 걸핏하면 상대의 젊은이에게 얻어맞고 박속처럼 해쓱하게 질려 아무 말도 못하는 수모를 당한다. 안타깝게도 나도 두어 번 본 일이 있었다.

지하철 1호선 시청 역 구내에서 버릇 없다고 중얼거리는 노인을 젊은 사람이 두발 옆차기로 걷어차는 것을 보았다. 자빠진 노인은 일어나지도 못하는데 그 자는 뒤돌아보지도 않고, 애인으로 보이는 여자와 어깨를 나란히 개선장군처럼 걸어가고 있었다.

얼마 전에는 어느 아파트의 늙은 경비원이 기분 나쁘게 자기를 쳐다봤다는 이유로 20대 입주민 청년에게 얻어맞아 전치 6주의 상처를 입었다고 한다. 그런데도, 경비원직에서 쫓겨날까봐 없었던 일로 하자고 합의를 보았단다.

그 뿐이 아니다. 병든 아버지를 때려서 갈비뼈가 부러졌는가 하면 냉방에 밥도 주지 않고 방치해 굶주림과 저체온으로 죽게 한 자식이 있다는 보도도 있었다.

국가에서 노인들에게 베풀어주는 약간의 복지도 알고 보면 청장년층 사람들의 노력의 대가로 되돌아온 온정이고 보면 어쩌면 젊은 사람들의 오만과 그 대단한(?) 권리와 치켜 뜬 곁눈질도 당연한 것이라 조용히 받아들일 수밖에 없을 것 같다.

이와 같이 세월이 흐르는 소리를 체험으로 들으면서 노인들이 이제 어떻게 처신해야 할 것인가를 세태의 흐름에 따라 생각하지 않을 수가 없게 되었다.

마땅히 할 일 없는 노인들이 방안에 무기력하게 틀어박혀서 그저 빈 입에 새김질하며 멀뚱멀뚱 눈만 껌벅거리는 소처럼 지내다가 어영부영 하루 해를 넘기는 것을 몇 년을 계속하는 경우도 허다하다.

이러한 노인들은 빈 집에 앉아 뱃속은 헛헛해서 군것질거리만 생각하게 된다. 그러면서도 냉장고조차 함부로 뒤지지 못하는 감금상태의 오늘을 내일에도, 그 내일에도 이어야 하는 불쌍한 삶의 독백을 어렵잖게 듣고 있다. 이런 고독한 생활의 연속으로 우울증에 걸려 고생하는 노인이 적지 않다.

지금은 옛날과 달라서 자식들 내외가 다 생업을 위해 새벽부터 밤중까지 나가고 텅 빈 집에 노인 혼자 남아있던가, 그렇지 않다면 자식들이 출근할 어스름 새벽에 함께 나가 마땅히 갈 곳을 찾지 못해 노숙자처럼 헤매다가 밤중에야 집이라고 찾아드는 죽어지지 않아서 살고 있는 노인이 적지 않다.

정부의 배려로 마을마다 경로당이 마련되어 있다. 경로당이 번듯하게 갖춰져 있고, 약간의 지원도 있으나 별로 하는 일 없이 퀴퀴한 방속에서 백 원짜리, 천 원짜리 화투놀이로 긴긴 하루를 소일하고 있는 것이 대부분의 노인들이다. 그러다가 흙과 막걸리에 팔자를 묻었던 지난 날의 사람인 오늘의 그 노인들에게 안주 없는 소주라도 한 잔 마실 수 있는 기회가 생기면 웃음이 터지고, 노인에 걸맞지 않는 행복한 고성이 오간다.

이렇게 하여 생명을 잃어버린 가을 나뭇잎처럼 카랑카랑 말라서 약간의 바람에도 떨어져 나갈 것 같은 남은 목숨을 부지하다가 몰래 지는 새벽의 지친 별이 사라지듯이 한 많은 세상을 하직하게 된다. 이와 같은 진리를 별다른 느낌 없이 그날 그날을 그냥 보내고 있는 것이다.

권태로워서 너무 많은 시간을 어떻게 보내야 할 지를 고민하면서 가슴 깊이 파고드는 고적감을 홀로 달래야 하는 노인, 이와 같이 세상의 여백을 차츰차츰 지워나가는 적막한 삶을 사는 노인이 너무나 많다.

사람이 살만큼 살아 기력이 소진하여 아픈 데만 늘어나는 상태로 그럭저럭 외로이 매달린 이슬방울같은 가냘픈 생명을 무죽거리며 다만 오래 유지한다 하여 이것을 과연 "누구는 장수하고 있으니 더할 나위 없는 행복을 누리고 있다"고 보아야 할 것인가?

가화만사성家和萬事成

부모 자식 간의 대화나 만남의 기회가 줄어들었고, 더욱이 세대 간의 교육수준과 사회의 변화, 그리고 가치관의 차이 등으로 소외될 수밖에 없는 노인과의 갈등도 부인할 수가 없다.

게다가 노인에게 쉬이 치료하기 어려운 지병이라도 생기면 부모자식 간, 또는 형제간의 갈등이 심화되어 마침내 수습할 수 없는 불행한 지경에까지 이르게 된다는 사실을 적지 않게 듣고 있다.

이런 것 말고도 가정에서의 갈등도 넘치게 많이 일어난다.

세상에는 별의별 가정이 다 있다. 형제가 싸우는 집, 부모자식 간에 등을 돌리고 사는 집, 재산 상의 갈등, 성품이 고약해 걸핏하면 아드득아드득 남들과 싸우기를 잘 하는 사람과 그런 집안도 이외로 많다. 부부간의 싸움으로 오밤중에 남들의 잠을 방해하는 한심한 사람도 많이 있다.

내가 젊었을 때의 일이다. 잠이 미처 깨기도 전의 첫새벽부터 고함을 지르면서 사복개천으로 싸우는 집이 있었다. 밤새 술을 마시고 새벽에 들어왔는지, 아니면 오입질하고 들어왔는지 그 속사정은 알 수 없었지만, 주로 나이 든 여자 노인이 산멱통으로 악을 쓰는 싸움이다. "예이 썅놈, 우라질 놈, 육시랄 놈, 염병할 놈, 이 똥물에 튀길 놈아!" 하며 입에 담지 못할 온갖 욕이 살기 차게 마구 터져 나온다. 옛날이라 좁은 골목에 다닥다닥 붙어살아 온 동네가 시끄럽기 그지없었다. 늙어서까지 왜 저렇게 싸운담? 하고 마을사람들은 혀를 찼다. 그렇다고 거주 이전의 자유가 확실히 보장되어있는 나라에서 함부로 쫓아내지도 못하고 그냥 참고 견뎌야 했다.

해마다 5월에 있는 용문산 산나물축제에 주최 측에서 내게 가훈을 써달라고 요청해 왔다. 이 축제기간 4일 동안 북적거린 인파 중에 가훈을 써 받아간 사람이 425명이나 되었다. 그 가훈을 내가 혼자 써주었는데 '가화만사성家和萬事成'을 써 받아간 사람이 상당 비중을 차지했다. 그렇다. 집안이 구순하게 편안해야 하고자 하는 일이 순조롭게 잘 이루어진다. 이것은 동서고금을 막론하고 진실이다. 행복한 가정은 천국의 재미를 누리고 사는 것이다.

그것을 알면서도 실천하지 못하는 사람이 허다하다. 타고난 성품이 지나치게 괴팍하고 모질어서 상대의 마음을 전혀 이해하려 하지 않는 데서 오는 경향이 다분하다. 그것을 그 당사자 자신이 전혀 느끼지 못해서 일어나는 현상이다. 그래서 한뉘를 평행선을 달리고 있는 것이다. 그것을 당하는 한 쪽이 참다 참다 한계를 넘어서면 그때에는 큰 불행이 오는 것이다. 가화家和하지 못하는데 성成할 리가 없으니 그 가정은 어쩔 도리 없이 불행할 밖에 없는 것이다.

아이 때 버릇이 여든 간다는 속담이 있다. 잘못된 말이다. 죽음까지 가지고 간다는 것이 정답이다. 속담대로 나이 80까지 고쳐지기를 기다리고 기다리다가 아무 소용이 없으니 남은 며칠이라도 편히 살려고 부득이 이혼하는 노인을 뉴스를 통해 듣고 있다.

왜 이러한 비극을 늘그막까지 지니고 살아야 하는지, 그러한 옹고집을 다소 누그려서 편하게 살면 아니 되는 것인지 도저히 이해가 되지 않는다. 아무리 쥐어짜도 모르는 둔자라도 한 번쯤은 생각해봐야 하는 것이 아닌가싶다.

2014년의 마지막 달, 가장 많은 관객을 동원했다는 '님아 그 강을 건너지 마오' 라는 영화를 나도 봤다. 98세의 할아버지와 89세의 할머니가 76년간의 한결같은 사랑이야기를 극화한 영화다. 횡성 두메의 오두막집에 백 세 가까운 노인부부가 자식들은 도시로 보내고, 두 노인만이 어울러 살면서 오직 서로 간에 사랑만 베풀면서 살다가 마지막 이별을 나누는 그런 영화다.

두 몸이 하나 되어 살다가 서로가 나누어지는 그날까지의 사랑의 소중함과 진정한 사랑을 현 사회의 모든 이의 가슴을 열어 일깨워 주는 교훈을 눈물 속에 심어준다.

80세에 이혼할 수밖에 없는 노인 부부의 소름 끼치도록 넌더리나는 삶과는 너무나 판이한 삶이여서 비교해 보게 되는 좋은 예라 아니할 수가 없다.

화려한 저녁노을

달이 차오르고 기우는 것을 누가 막을 수 있을 것이며, 꽃이 벙글어 흐드러지고, 시들어 떨어지는 자연현상을 누가 바꿀 수 있겠는가. 그것은 우주의 질서요, 영구불변의 법칙이다.

사자불가복생死者不可復生이다.

이 말처럼 한 번 죽어 다시 살아나는 일이 없다는 것은 다 알고 있는 사실이다. 무거운 발걸음을 이끌고 지금까지 왔으니 돈도, 명예도, 애증도 가져갈 것 하나 없는 빈 손으로 홀가분하게 떠나면 그만이다. 그것이 우주질서에 따르는 것이요, 영구불변의 상도常度이다.

나옹선사는 번뇌에서 벗어난 자유롭고 욕심 없는 삶에 대한 소망을 자연의 모습을 바라보면서 이렇게 읊었다.

靑山兮 청산혜

懶翁禪師

靑山兮要我以無語 청산혜요아이무어
蒼空兮要我以無垢 창공혜요아이무구
聊無愛而無憎兮 요무애이무증혜
如水如風而終我 여수여풍이종아
靑山兮要我以無語 청산혜요아이무어
蒼空兮要我以無垢 창공혜요아이무구
聊無怒而無惜兮 요무노이무석혜
如水如風而終我 여수여풍이종아

청산은 나를 보고 말없이 살라하고
창공은 나를 보고 티없이 살라하네
사랑도 벗어놓고 미움도 벗어놓고
물같이 바람같이 살다가 가라하네

청산은 나를 보고 말없이 살라하고
창공은 나를 보고 티없이 살라하네
성냄도 벗어놓고 탐욕도 벗어놓고
물같이 바람같이 살다가 가라하네

한 번 죽으면 살과 피는 물이 되고, 뼈는 썩어서 흙이 되고 마는데 살아있는 동안, 내 한 몸을 어찌 그냥 허송할 수가 있겠는가.

관 속에 들어갈 때 들어가더라도 위의 시처럼 마음 깨끗하게 살면서 내가 할 수 있는 일은 다 하고 가야 세상에 태어난 가치와 목적을 이루는 것이고, 그 결과를 후인들에게 남기는 것이다. 이것이 노년에 처한 사람들이 지금과, 또 앞으로 살아있어야 할 그날들에 관하여 깊이 헤아려보아야 할 일이요, 살아있을 마지막 그날까지 활력을 놓지 말아야 할 이유인 것이다.

81세를 망구望九라 하고, 100세를 상수上壽라고 한다. 시대의 변천에 따라 어쩔 수 없이 망구나 상수 그 이상을 살아야한다면 무의미한 삶을 과감하게 바꾸어 취미활동을 하는 열정적인 인생으로 보람 있게 마감하는 슬기를 찾으라고 권하고 싶다. 비록 늙은 사람이라 하더라도 꿈꾸는 자가 성취한다는 것은 통념이다. 그리고 열정을 가지면 마음이 늙지 않고, 마음이 늙지 않으면 육체도 건강해진다.

나이가 칠십이 되었다 하여 마냥 처져 있을 수만은 없다. 무의미한 삶은 살아있는 죽음이요, 그 반대로 진취적인 생각은 생명이요, 힘이요, 호흡이다. 그렇다면 다투어서라도 진취적인 생각을 가지도록 노력해야 되는 게 아닐까.

내일 당장 죽더라도 무엇인가 하면서 마음속에 기쁨과 희망을 가져보면 어떨까. 자신이 늙었다고 생각하는 사람은 이미 늙어있는 것이다.

사람은 누구나 자신만의 천부적인 재능을 가지고 있다. 아무리 천질天質이 우둔한 사람이라 하더라도 저마다 능한 일이 따로 있다. 또한

70년이란 오랜 세월을 살아오면서 쌓이고 쌓인 자기만의 재능과 지식도 가지고 있다. 이러한 재능을 다 쏟아 부어 자기 자신에게는 외로움을 달래는 동기를 마련하고, 동시에 성취감을 얻게 된다면 노을빛처럼 곱게 웃으며 노을과 함께 사위어가는 아름다운 인생으로 종말을 맺게 되는 것이다. 이것이 사회에도 도움이 되는 가치 있는 인생이요, 노년의 참 행복인 것이다.

세차게 흐르는 물은 웬만해서 얼지 않고, 바삐 도는 물레방아는 얼틈이 없다. 이렇게 무엇인가 쉼 없이 부지런히 하면서 정신적 늙음을 다소라도 늦추는 일이 남들 보기에도 떳떳할 뿐만 아니라 행복의 마지막 조각까지 다 찾아 꿰어 맞추는 아름다운 노년이라 할 것이다.

사람이 노경에 처했어도 자기 자신의 문화를 창조하려고 노력을 하면서 찬란한 붉은 노을에 함께 물들어 노을에 흥건히 취하는 생활을 만들어 산다면 그 다음 순간 죽는다 하더라도 늙음이 화려할 것이며, 죽은 뒤에까지도 떳떳하게 살았노라 할 것이다.

행복이란 자기 자신만이 만들 수 있는 자신만의 창조물이기 때문이다.

잉여지식의 재생

65세 이상의 70%에 달하는 노인이 노년을 보낼 여가활동이 없다고 한다. 그렇다면 이 70%의 노인 420만 명은 분명 사회가 걱정하는 무위도식으로 누를 끼치는 소외계층의 노인들이라 하여 무방할 것이며, 따라서 젊은 층이 떠안아야 할 골칫거리로 치부되는 노인이 아닐 수 없다. 이러한 노인들은 금전적으로 생활 여건이 해결된다 하더라도 별로 다를 것 없이 같은 범주에 속하는 노인이다.

노인과 못대가리는 움츠리는 것이 좋다는 속담이 있기는 하다. 그러나 그것은 옛날 나이 많은 노인들이 사회로부터 대접받던 좋은 시절의 이야기일 뿐 지금의 세태와는 전혀 맞지 않는 말이 되었다. 오히려 적극적으로 무엇인가를 찾아서 하고자 하는 노력이 필요한 세태에 우리는 살고 있는 것이다.

420만 노인 중에는 너무 늙어 기력이 소진되고, 어리바리하여 어쩔 수가 없는 형편의 노인보다도 다기차고, 신관이 좋아 그런대로 쓸 만한 사람이 더 많다. 그러한 사람이 나이 좀 들었다하여 독수공방에 홀로 앉아 퀴퀴한 베개에 머리를 올려놓기만을 일삼고 있다. 내가 사는 이웃에도 더러 있고, 내 친지 중에도 있다.

국가에서 애써 마련해준 경로당에 나가 서로 간에 환담이라도 나누면서 어우렁더우렁 지내면 그런대로 좋게 봐주련만 그렇지도 않고 집구석에서 나태의 늪에 빠져 아까운 시간만 허비하는 사람이 줄지 않는다.

사람이 그렇게 살다보면 사는 것이 맥쩍고, 신산스러워 허리와 다리는 자리자리 쑤시고, 의욕은 점점 사라지게 된다. 이와 같이 시르죽은 생활을 이어간다는 것은 아무리 노인이라 할지라도 사회와 가족들에게 미안한 마음이 일지 않을 수 없을 것이다.

노인이 할 수 있는 일이란 물론 흔치 않다. 돈벌이를 수반하는 일이면 젊은 층에 밀릴 것이요, 돈벌이와 관계치 않는 일이라면 수입도 없는 일에 매달리기가 달갑지 않을 것이다. 그러나 돈벌이와 관계없이 무엇이건 해보려는 노력이 노인에게는 절실히 필요하다.

이러한 일은 나태한 마음만 긍정적으로 바꾸면 의욕이 생기게 된다. 낙지는 머리와 몸과 다리를 잘게 다 자르고 소금에 찍고, 참기름에 버무려도 접시 바닥에 흡반을 찰싹 달라 붙여 젓가락에 집히지 않으려고 최후까지 안간힘을 쓴다. 우리 노인들도 늙었다고 그냥 체념하려고만 하지 말고, 낙지의 끈질긴 근성을 배웠으면 좋겠다.

아무리 노인이라 하더라도 무엇이든 육신을 움직여 행한다는 것은 여생을 보내는 시간의 질이 다르고, 격이 다르게 될 것이다. 백두산 정상의 물기 없는 화산재와 부석浮石 위에 흐드러지게 피어 있는 잘디잔 꽃송이가 사람들 눈에 더 아름답게 보이듯이.

많은 노인들 중에는 어떤 전문 분야의 지식을 가지고 있는 지식인 노인이 의외로 많이 있다. 또 특수한 재능을 가지고 있는 노인도 적지 않다.

혹자는 대학에서 자기가 평생 동안 연구한 지식을 수없이 많은 제자들에게 가르쳐 전수傳授하던 독자적인 지식이 있을 터이고, 또 혹자는 어떤 일을 누구도 따를 수 없는 오직 그만이 할 수 있는 일도 있을 것이다. 또 어떤 이는 특정 분야의 예술을 최고의 경지에까지 이루어 놓고 있는 명성 높은 대가도 있을 것이다.

그러나 그 귀하디 귀한 지식들이 신지식에 밀릴 것이라고 자기 스스로 지레 단정한 나머지 이제 늙었다는 이유만으로 모든 일을 접어두고 허송하고 있는 정신적 퇴행성退行性 노인을 우리는 측근에서 적지 않게 보고 있다.

배움이 넉넉한 사람이거나, 값진 경륜과 재능이 누구보다 특출한 노인도 젊은 사람들의 신지식에 밀려 사회가 외면할 것이라고 지레 짐작한 나머지 노인들은 스스로 너무 일찍 체념하고 있다. 이것이 현실이요, 요즘의 세태이다.

요즘 시정에 유행하는 말 중에 이런 말이 있다. 즉 '누구는 요즘 '정년미아停年迷兒'라 하더라. 누구는 후줄근한 '파자마 맨'이란다. 아무개는 '삼식이三食餌'로 집구석에만 죽치고 있대. 또 누구누구도 소파에 뒹구는 'TV맨'이래.' 하고 남의 일처럼 이야기 하는 사람이 많이 있다. 이러한 말들은 나태한 사람을 두고 하는 빈정거림이요, 질책하는 말로 받아들어야 한다.

생각을 바꾸면 생애가 달라지고, 목숨이 붙어있는 한 희망은 있는 법이다. 아무리 늙은 사람에게도 이 말은 진리인 것 같다.

60년, 혹은 70년 동안 쌓고 쌓은 소중한 경륜과, 어떤 분야의 전문적인 지식과 재능이 한데 어울려 달인의 경지에 있을 값진 보물을 그냥 곳간에다 쌓아놓고 있는 것이다. 이 쓰지 않고 남아돌아가는 즉 잉여지식剩餘知識이 사회에 외면당하고 어둠 속에 묻혀있을 수밖에 없다는 것은 사회에 대한 크나큰 손실일 뿐만 아니라 개인적으로도 헤아릴 수없이 아까운 무형의 유가물有價物이 아닐 수가 없다.

이 사장된 지식을 끄집어내어 사회에 다소라도 이바지 될 수 있다면 그만큼 살아있는 동안 나도 무엇인가 할 것은 하고 간다는 자부심과 함께 어둑발이 내리던 자신에게 저물녘의 노을빛이 함초롬히 비쳐질 것이다.

우리 사회에는 젊은 층에서 하고자 아니하는 일, 또한 경륜이 짧아서 미처 생각하지 못하는 일도 많이 있다. 그런 일중에 경륜 있는 노인이기에 할 수 있는 쓸 만한 일이 의외로 많이 있다. 그와 같이 옛것의 맥을 이어 새로움에의 교량 역할을 할 수 있는 일이나, 약간의 보수로 원숙하게 처리할 수 있는 일도 찾으면 얼마든지 있을 것이다.

진정 보람을 느끼는 것은 내가 할 수 있는 것을 남에게 베푸는 것이다. 그러면서 나대지 않는 한 그루의 겸허한 고목같이 의연한 자세로 성실한 봉사의 삶을 살다가 어느 날 들꽃의 향기 속에 하직할 수만 있다면 주어진 천명을 성실하고 유덕하게 살았노라고 할 수가 있을 것이다.

조직 속의 노인생활

나의 유년시절의 동무로서 세계적으로 이름난 곤충학박사가 있다. 그는 경희대학교에서 교수직을 정년으로 마치고 석좌교수로 활동하다가 80세에 이르자 이제 마지막으로 인생의 결실을 맺어야 하겠다고 마음을 정하였다.

그가 신유항 박사다. 그는 교수생활 평생 동안 수집해 간직하고 있는 수억대의 곤충 표본 전부를 유용하게 활용할 궁리를 하고 있었다. 그러던 중 신 교수가 살고 있는 지방정부 양평군에 기부하여 박물관을 개관하였으면 좋겠다는 의견을 군수에게 건의했다. 그랬더니 명철한 김선교 군수는 교육적 가치가 클 것이라며 곧바로 긍정적으로 받아들였다.

김군수는 나라 안에서 제일가는 곤충박물관을 특수 방부시설을 고루 갖추어 어연번듯하게 새로 지었다. 그리고 신 교수가 가지고 있던 나비, 풍뎅이, 잠자리 등 소중한 곤충표본 전부를 기증받아 진열하여 일반에 공개하고 있다.

신 교수는 양평곤충박물관 관장이 되어 찾아오는 관람객을 상대로 자신이 지니고 있는 모든 지식을 팔십 중반의 연세에도 불구하고 사윌 줄 모르는 정력을 다하여 자상하게 설명한다. 개관 4년에 언비천리言飛千里라, 소문이 파다하게 전파되어 전국 각지에서 아이들을 앞세운 관람 인파가 줄을 잇는다.

신 교수는 어려서부터 지금에 이르기까지의 평생을 곤충만 만져왔으면서도 아직도 그것들과 소원할 수가 없다. 그에게 곤충만큼 친근한 벗은 없다. 그것들은 귀찮은 질문도, 비판도 없이 오로지 내가 하고 싶은 대로 따라줄 뿐이라는데 더욱 매료된다는 것이다.

신 교수는 이제 노령으로 청력이 약해 관람객의 질문을 잘 알아들을 수 없음에도 쌓이고 쌓인 풍부한 지식을 토대로 질문의 요지를 눈치만으로도 알아듣고 자상하게 가르치는 석학대로碩學大老의 풍모를 보이고 있다.

또한 미술가인 그 학자의 노부인은 아직도 미술활동을 하며 화랑을 빛내는 정렬 활동가이기도 하다. 연세 90을 바라보는 노부부의 올진 생활로 신관은 젊은이처럼 야드르르하여 속재미는 그분들 혼자만 보고 있는 것 같은 참 모습을 보게 된다.

이는 이시대의 모든 노인들이 다가서서 본받아야 할 존경할 수밖에 없는 보기드믄 모범 사례라 아니할 수가 없다.

오래 전 공무원으로 직장생활을 함께 하던 아호를 노산露山이라 하는 동료 한 분은 높은 위치의 요직을 두루 섭력하다가 연세 80을 넘겨서야 제주도 애월의 한적한 곳에 조촐한 전원주택을 새로 지었다. 그리 크지 않은 목조건물에 자기만의 전용 서재를 꾸며놓고, 컴퓨터에 코를 박고, 키보드에서 손가락이 떠날 사이가 없다. 그만큼 머리를 쓰고, 손가락을 움직이니 치매에 걸릴 염려는 전혀 없을 것 같은 활기 넘치는 생활을 하고 있다.

그는 컴퓨터 앞에 앉아 온갖 프로그램을 짜고, 연구하는 것을 지금 그 나이에도 불구하고 천직처럼 일삼고 있다. 그리하여 유익한 정보가 있으면 200여 명의 동료들에게 전송하여 나누고, 언론에서 미처 다루지 못하는 소식도 먼저 캐어내는가 하면, 컴퓨터를 이용한 별의별 희한한 재주를 다 부리며 즐기고 있다. 그에게는 200명이라는 동호인이 호응하고 있기에 책임감도 그만큼 클 것이고, 더욱 열심히 하지 않을 수가 없는 것 같다.

그러면서 우리 80객도 아직은 무엇인가 열중하는 것이 있어야 하지 않겠는가 하고 덧붙인다. 이렇듯 싱싱한 노인을 어느 누가 팔십객이라 하겠는가.

해병대에서 하사관으로 거의 평생을 지내다가 늘그막에 퇴임한 군 경력만 있는 칠십대의 박병한이라는 노인이 있다. 오랜 해병대 생화로 아직도 기氣만은 넘치지만 사회에는 한밤중같이 어두워 해볼 만한 것이 그에게는 아무것도 없었다.

그러던 중 하루는 동네 거리를 지나다가 '광탄서예교실'이라는 간판이 눈에 들어왔다. 이곳이 무엇을 하는 곳인가 하고 들려보았다. 그렇게 하여 시작한 서예공부가 그에게는 직업처럼 되어버렸다. 마땅히 할 일이 없었던 그에게는 이보다 더 좋은 일거리가 없었다. 그리고 삶의 보람을 거기에서 찾았다.

광탄서예교실은 이십년 거의 전에 내가 서울에서 이주하여 살면서 개원한 서예교실이다. 낙후된 시골마을에 계몽적 차원에서 열과 성을 다하여 서예를 전수하였다. 그 십여 년간 숱한 제자를 배출하고 굵직한 서예대회에서 상도 많이 탔다. 그러다가 나는 모든 것을 그곳에 남겨놓고, 무책임하게 양평의 강남에 이사할 수밖에 없었다.

그래서 지금은 그곳에서 공부하던 원생들이 각자 자유로이 드나들면서 짬짬이 공부하고 있는 곳으로 유지하고 있다.

그런 곳에 그가 자리를 잡고 둥지를 틀었다. 그에게는 하루도 빠짐없이 손에는 먹물이 듬뿍 찍힌 붓이 쥐어져 있다. 다른 원생들도 힘을 얻어 시간이 나는 대로 들려 서로 간에 서평書評하면서 필법을 의론해가며 공부에 임하고 있다.

이와 같이 우리가 비록 늙었다 하더라도 무엇이건 하고자 하는 마음만 먹는다면 다 할 수 있는 것이 인간에게 주어진 천부적 지혜이며 활력이다. 그렇다고 어떤 일을 하고자 하여도 저 혼자 하기에는 엄두를 못 내고, 일을 시작하고도 힘에 부칠 때가 많다.

내가 서예를 가르치다보니 붓글씨를 쓰게 되었고, 서각에 심취되다보니 서각을 하게 되었다. 등산을 즐기다보니 갔다 온 자취를 더듬어 한시를 짓게 되었다. 이와 같은 일들은 혼자 조용히 앉아서 얼마든지 할 수가 있는 일들이다.

그러나 우리 사회에는 여럿이 어울려서 하는 일이 훨씬 더 많다.

고장난명孤掌難鳴이라 했다. 손바닥 하나로는 소리를 내지 못한다는 그 말처럼 대부분의 경우 저 혼자의 힘으로는 어떤 일을 성사시키기란 여간 어려운 것이 아니다. 하고자 하는 일이 아무리 훌륭하다 한들 저 혼자서는 구슬 없는 용이요, 날개 없는 봉황인 셈이다.

그래서 필요한 것이 조직이요, 단체다. 조직에 몸을 담게 되면 엄두를 내지 못하던 일도 하고자 하는 의욕이 생기고, 하는 일에 책임감이 생긴다. 또 어떤 일에 부딪혔을 때 조직에서 힘이 생기고 용기가 생긴다.

앞에서 예를 든 곤충학 박사도 박물관이라는 기구 속에 몸담고 있기에 의욕적으로 일을 할 수 있는 것이지 그 방대한 곤충표본을 그냥 집안에 간수하고 있었더라면 값진 곤충표본들은 빛을 보지 못한 채 그 지닌 보물적 가치를 상실하고 말았을 것이며, 행복을 창조하려는 향기조차 놓쳤을 것이다.

컴퓨터 앞에서 키보드를 열심히 두드려대는 노산도 200명이라는 동호인이 있기에 힘을 얻을 수 있는 것이고, 노년에 기氣가 넘치는 해병대 출신도 서예교실이라는 공부방이 있어 유익한 시간을 시부저기 보낼 수 있는 것이다.

정치인은 정당에 몸담고 있어야 정치를 할 수가 있고, 예술인은 예술단체에 의지해야 예술의 가치를 인정받는다. 운동선수는 그 하고자 하는 운동단체에 몸을 의탁해야 이름 있는 선수가 된다.

축구단체에 들지 않은 박지성이가 나올 수 없고, 야구단체에 들지 않은 류현진, 추진수가 있을 수 없는 것과 같다. 무릇 모든 일이 다 조직 안에서 이루어지는 것이 현 사회에서의 성공의 필연이다. 제법 잘 나가는 배우도, 가수도 무대가 있어야하고, 소속사라는 조직 안에서 활동하기에 화려한 별자리에 오를 수 있는 것이다.

옛날에는 관리들이 그들 특유의 속성에 젖어 거드름을 피우고, 거만을 떨었다. 저 혼자 다 아는 척하고, 괜한 트집을 잡고, 무조건 안 된다는 권위주의와 관료주의로 논리모순의 행위를 당연한 것처럼 행사하고 있어 아무리 좋은 일이라 할 지라도 그러한 걸림돌에 걸려 감히 무슨 일을 하고 싶어도 엄두를 내지 못하였다.

다행하게도 지금의 관리들은 민民이 하고자 하는 일을 가능한 한 도와주려는 노력을 하고 있음을 우리는 너무나 많이 보고 있다. 세월이 그만큼 좋아지고, 나라가 그만큼 발전했다. 대통령이 직접 나서서 필요 이상의 규제를 풀라고 호통을 친다.

어떠한 조직 안에서 노인들이 건설적인 무슨 일을 하고자 관계기관에 협조를 구한다면 관계기관에서는 합당 여부를 신중히 검토하여 사회에 공헌하는바 크다든지, 개인 한 사람이 아닌 여러 사람을 위한 공익사업으로서 긍정적이고, 진취적인 일인가를 살펴 옳다고 판단되면 협조를 아끼지 않고 적극 지원해주고 있다.

그런 뜻에서 노인들의 잉여지식을 활용하고자 하는 어떤 일에도 그에 합당한 조직이 필요할 것은 말할 나위가 없다. 그 조직이 적고 크고를 떠나서 그 안에서 힘을 얻어 사회를 위하여 작은 일이라 할지라도 창안하고, 참여하는 노력을 해야 할 것이다.

이와 같이 조직 속에서 긍정적으로 중요한 어떠한 일을 모색하여 실행에 옮길 수만 있다면 인생의 저물녘에 스쳐오던 해걷이바람도 더러는 잠재울 수 있을 것이며, 매일매일 조금씩 조금씩 사위어져 가는 생의 여백에 아스라한 빛이라도 비춰질 것이 아니겠는가 하고 한 번 생각해 본다.

황혼의 농촌계몽

내 나이 칠십에 이르러 벼르고 벼르던 시골살이가 시작되었다. 50여년을 살던 서울을 떠나 두메의 산자락에 전원주택을 지었다. 겨우 농가주택 30평짜리 작은 집을 짓고 살면서 흡족했다. 마당에 잔디 깔고, 나무를 심고, 가지각색의 꽃을 심었다. 이렇게 정원을 가꾸면서 행복에 젖어 있었다.

그랬는데도 마음 한 구석이 허전했다. 그것이 무위도식이 원인이었다. 그래서 이사 와서 몸담고 있는 동내에 작으나마 성의를 다 해보려고 자진해서 마을회관 앞에 서예교실을 열었다. 마을에서 월세로 주었던 석쇠공장을 강제로 옮기게 하고, 그 자리를 내주었다. 빈대도 콧등이 있다는데 석쇠공장에 미안한 마음이 두고두고 가시지 않았다.

마을 노인들이 공사판에서 쓰고 남은 헌 거푸집 패널 판을 얻어서 더덕더덕 묻은 시멘트 부스러기를 대충 문질러 쓸고 닦아 서예탁자를 짰다. 나는 청계천 5가에 가서 군인용 헌 담요 여러 장을 사 가지고 와서 서탁 위에 깔았다. 그리고 석쇠공장에서 쓰다버린 파란 플라스틱 헌 의자를 얻어서 20평 정도의 서예교실이 꾸며졌다. 그야말로 옛날의 시골 정미소 같은 아주 열악한 학원이었다.

제대로 여닫아지지도 않는 미닫이 유리창 여덟 짝이 겨울바람에 덜렁덜렁 요란한 소리를 내며 울리는 헌 건물에 살바람이 여가 없이 마구 밀려들어오는 을씨년스런 교실에 한기를 막아낼 수도 없는 열악한 공장 건물을 대충 청소한 상태의 학원교실이었다. 겨우 비 가림이나 할 수 있는 석쇠공장 자리여서 6·25 피난 당시의 야간학교보다 열악하기로 말하면 더 나을 것이 없는 학원이었다.

그런 학원 건물의 때가 짙은 유리창에 화선지에 먹물을 듬뿍 찍어 쓴 '광탄서예교실'이란 커다란 화선지간판을 유리창 안쪽에서 바깥을 향해 풀로 붙였다.

그리고 내가 서울에서 운영하던 학원의 제반 서예도구 일습을 가져다가 챙겼다. 붓과 벼루, 그리고 먹까지 다 갖추었다. 다만 연습용 화선지를 대신하여 우선 신문지를 잘라서 쓰기로 했고, 서예교재는 서울에서 쓰던 것을 그대로 가져다 썼다. 나는 한 사람 한 사람을 일일이 다니며 자상하게 서법을 익혀주었다.

이 모든 일들은 문화에 메마른 시골 주민에게 삶의 질을 향상시켜 주고자 하는 계몽적 차원에서 시작한 일이였다. 안개 속같이 아련하던 마을에, 꿈속처럼 암울하던 주민에게 수년에 걸쳐 이 한 몸을 아끼지 않고 삶의 질이 향상되는 서예와 그에 부수되는 문화를 전수하고 있었다. 물론 기부봉사였다. 어쩌면 심훈의 소설 "상록수"에서 농촌계몽운동에 헌신하는 주인공 박동혁을 흉내내고 싶었는지도 모르겠다.

이리하여 혼몽이 든 깊은 잠을 깨워주고, 광탄 고을의 산천초목까지도 문화에 피복되어 골목마다 훈훈한 바람이 일게 되어 첫 봄이면 집집에 원생들이 써준 입춘대길立春大吉 춘방이 나붙었다.

내가 성실하게 임한 만큼 주민의 협조도 아주 좋았고, 서예공부에도 열심이었다. 선생과 원생들 모두가 만족하리만큼 굵직한 대회에서 높은 상도 많이 받아오고 있었다.

그 십여 년을 광탄에서 가르치다가 내 나이 팔순을 넘기게 되자 전원에서의 잡초 가꾸기에 힘이 부쳐 부득이 양평의 아파트에 이주할 수밖에 없었다.

내가 떠나기에 앞서서 광탄묵록廣灘墨錄이라는 책을 엮어 남겨놓았다. 크로스카버에 46배판의 총 4백 쪽에 달하는 방대한 광탄묵록은 내가 광탄에서 서예를 전수한 지난 10년의 발자취를 소상하게 적어 만든 광탄의 10년 서예사이다.

또한 문화에 굶주린 마을 주민에게 삶의 질을 차원 높게 향상시키려고 노력한 문화계몽사이기도 하다.

향사연회鄕士硏會 창설

나는 지방에 살면서 주민에게 서예를 전수하고, 문화를 심어주는 그 일을 성실히 수행하고 있었다. 그러나 그것만으로는 부족하다 여겨 좀 더 광범위한 문화사업을 해야 하겠다는 의욕이 일었다.

그러던 중 문득 좋은 구상이 떠올랐다. 이 지역의 지식인 노인들을 한데 모아 힘을 뭉쳐보자 하는 것에 생각이 미쳤다. 즉 조직 속에서 그 힘을 이용하여 무엇인가 이룩해 보자 하는 생각이었다. 그것은 매우 훌륭하고 좋은 생각이었다. 그래서 잠들어갈 그분들을 흔들어 깨워 그분들의 넘쳐나게 간직하고 있는 지식을 끄집어내어 사회에 다소라도 이바지하는 일을 해보자 하는 것이었다.

썩어도 준치라는 말을 많이 쓰고 있다. 노닥노닥 기워도 비단이라는 말도 있다. 아무리 늙어 저승꽃이 어지러워도 공부했던 머리는 그냥 남아있는 노인들이 많다. 길섶에 버려진 낡은 벤츠를 견인하여 손을 보고, 주유하여 힘차게 한 번 달려보자 하는 그런 것이었다. 벤츠의 엔진은 아무리 낡았어도 결코 경차 마티즈에 장착된 엔진이 아니기 때문이다.

그것은 차츰 세상의 여백을 지워나가는 노년을 보람과 아직은 무엇인가 할 수 있는 시간이 남아있다는 희망을 나누며, 빈 껍질만 남은 값없는 육체를 되살려서 이웃을 위하여, 사회를 위하여 이바지할 기회를 만들어보자 하는 의욕이 가슴에 일었던 것이다.

'인생 칠십 고래희'라는 말은 옛날에 한때 있었던 말이 되었고, 현 사회는 과학의 급진적 발달로 장수하는 시대에 우리는 살고 있는 것이다. 다시 말해서 노인의 나이가 칠십이라 해서 아무 일도 하지 않고 그냥 쳐져있을 수만은 없게 되었다는 말이다. 나이 칠십이면 앞으로도 20년, 30년은 살기 싫어도 더 살 수밖에 없기 때문이다.

안주安住는 곧 정신의 죽음을 의미한다고 하지 않던가. 또한 현명한 자는 늙지 않는다 하고, 저승길을 갈 때 가더라도 기왕이면 좋은 일을 조금이나마 더 하고 간다면 염라대왕도 잘 봐줄 것이라 하니 할 일은 하고 가자는 것이다.

그런 의미에서 나는 곧바로 우리 노인들이 할 수 있는 일들을 적어보았다. 그것을 토대로 사업안을 만들고, 조직의 명칭을 구상해보았다. 그러던 어느 날 내 서예교실에 자주 드나들던 향토사학자 홍정표 선생이 찾아왔다. 그렇잖아도 기다리고 있던 참이었다.

그분에게 내가 구상했던 저간這間의 일들을 설명하고, 이 지역에 산재하고 있는 지식인을 규합하여 작은 단체 하나를 만들어 우리가 할 수 있는 일을 챙겨보자고 제안했다. 그러면서 그분에게 초대회장의 입장에서 사람을 모으도록 촉구했다. 내가 이사 온 지 얼마 되지 않아 아직 이 지역 사람을 잘 모르기 때문이었다.

조직에도 격이 있다. 요즘 하 많은 모임처럼 그냥 모여서 밥이나 먹으면서 잡담하다가 헤어지는 모임이라면 없는 것이 낫다. 그래서 생산성이 있는 역동적인 모임으로서 그 격에 합당한 인물을 선정하는데 특별히 신중하여 줄 것을 당부하였다.

사람을 모으는 일에 신중하다보니 늘그막에 일에 참여하고자 하는 인물이 이외로 적어 시일을 끌다가 거의 일 년이 가까워서야 9인의 회원을 모아 첫 회의를 열었다. 의제를 "향토사 개발 연구와 노인의 잉여지식 활용 방안 강구에 따른 단체 설립"이라 하여 미리 준비해 가지고 간 단체의 명칭을 몇 가지 중에서 골라 '향사연회鄕士硏會'로 확정하고, 우리가 해야 할 사업을 거론하였다.

회원은 정년퇴직자를 감안하여 60세 이상의 노인으로 하되 12인을 한도로 하였다. 인원이 많으면 의견이 분분하여 되는 일이 없기 때문이었다.

사업으로는 이 지역에 산재되어 있는 향토문화유산을 발굴하고, 복원할 것을 지방정부에 건의하는 한편, 관계되는 서책을 편찬하는 일을 비롯해서 전통문화 전수를 위한 건설적인 의견을 관계기관에 강력히 건의도 하고, 숨어있는 선행자를 발굴하여 표창하는 일도 해보자는 것이다. 그 밖에도 노인 문화 향상을 위하여 부단히 연구하고, 개발하여 노인들에게 잠재되어 있는 모든 지혜를 남김없이 활용하여 실천하자는 것이었다.

이상과 같이 회원 전원의 일치로 확정하고, 향사연회는 일을 하는 모범단체로 그 모습을 드러내기에 이르렀다.

향사연회는 한 달에 한 번씩 만나서 지난 한 달간에 구상해 두었던 일에 대하여 의견을 교환하며 실천가능한 일은 곧바로 실천에 옮기도록 추진하였다. 우리는 진지했고, 소모성 모임은 없었다.

우리에게 여행은 목적이 있었다. 실질적인 문화탐방이었고, 그 기록물을 사진에 담고, 수첩에 적어 사적史蹟을 연구하여 우리 고장과 연계시켜 도입해 보려고 노력했다. 또한 여행 때마다 한시漢詩 한두 수씩을 서로가 지어 회람 음미하면서 다녀왔던 여행을 회상하곤 하였다.

이상이 향사연회 10년을 후회 없이 이어온 동기와, 노년의 남은 힘을 끈기 있게 사회에 이바지할 수 있었던 노경의 저력이었다.

이 지역사회에 많은 업적을 남겼던 절반의 회원이 이제 팔십 중반의 고령에 이르렀다. 그럼에도 불구하고 무엇인가 더 하고 싶은 욕망을 접지 못하고, 아직도 살아서 움직이고 있으며, 나머지 절반의 회원이 한참 일을 할 70대에 머물러 있어 우리 향사연회는 앞으로도 뒤를 이으면서 영원할 것이라 확신하고 있다.

향사연회 창설 후 10년간에 걸쳐 이룩한 업적 중에는 용문산국민관광지내에 시비공원詩碑公園을 조성한 일을 비롯하여 2천여 쪽에 달하는 방대한 용문면지龍門面誌를 집대성하여 질책으로 발간한 일은 괄목할만한 업적이었다. 나아가 선행자 표창, 가훈 써주기, 그리고 양평 관내 정자와 고적 등에 현판과 시판을 새로이 만들어 게판揭板하는 등 헤아릴 수 없이 많은 일들을 우리 향사연회는 해내었다.

夕照詠歌 석조영가 - 찬란한 저녁노을을 읊는다

– 여름날 경포대의 허균 생가에서 전통차를 마시면서

老紳雅會互交敦　노신아회호교돈
研精過年八十存　연정과년팔십존
鄕土開明聊格尙　향토개명료격상
村坊文化願常尊　촌방문화원상존
遺風探訪堪身苦　유풍탐방감신고
事蹟究追勝纂原　사적구추승찬원
旅顧茶盤香古昔　여고다반향고석
彩霞日日感懷痕　채하일일감회흔

도타이 모인 풍아한 노신사들이
갈고닦고 팔십년을 살고 남아서
애오라지 향토를 개명하여 격을 높이고
지방 문화 드높이는 그것이 소망이라

수고로움 견뎌가며 옛 풍물 탐방하여
사적 살펴 궁구하여 책 펴는 근본 삼네
여로의 찻상에서 옛 향기에 잠기며
찬란한 노을 속 나날의 감회어린 자취

龍門山觀光地 詩碑公園 용문산관광지 시비공원

老儒研會智慮傾　　노유연회지려경
郡守奬誠意聚成　　군수장성의취성
先代文豪詩錄選　　선대문호시록선
斯流名筆寫書精　　사류명필사서정
石碑竪設今除幕　　석비수설금제막
文物雅遊傑作聲　　문물아유걸작성
史蹟新生誇耀秀　　사적신생과요수
後來傳授是彰明　　후래전수시창명

노경의 선비들이 지혜를 기울였고
군수는 권장하여 뜻 모아 이루었네
선대 문호들의 유시를 골라서
명필들은 정성 다해 글씨를 썼다네

시비를 세워서 이제 막 제막하니
문물이 고상하여 걸작이란 칭송소리
빼어난 새로운 사적, 빛난 자랑거리를
후세에 길이 전해 밝게 빛내리.

죽계별곡竹溪別曲

향사연회는 달마다 한 번씩 모여 이번에는 무엇을 할까? 다음 달에는 또 무엇을 할까? 하고 할 거리를 궁리한다. 회원 중에 누가 기발한 착상을 하여 회원들에게 의견을 제시하면 여러 회원이 서로 의론하여 가부를 정한다. 그것이 마땅하면 그에 대한 계획을 짜서 실행에 옮기게 된다.

향사연회는 이름 그대로 지방에 은거하는 노학자들이 향토사를 연구하여 써 저술하기도 하고, 향토발전에 기여할 수 있는 일이나 의견이 있으면 충분히 검토하여 가치가 있다고 결론이 내려지면 지체 없이 관계기관에 건의하여 실천하도록 하는 살아있는 노인들의 생산적인 모임이다. 그렇다고 금전적 이익을 바라는 일은 절대로 없었다.

60년, 70년을 살아오면서 쌓이고 쌓인 소중한 경륜, 그리고 어떤 분야의 전문적인 지식이 한데 어울려 달인의 경지에 있을 값진 보물을 그냥 어둠 속에 묻힐 것이 아까워서 어떻게 하면 이것을 끄집어내어 사회에 다소나마 이바지가 될 수 있을까 하고 골똘히 생각하면서 각자가 가지고 있는 소중한 경륜을 활용할 기회를 만들고자 하는 것이다. 그래서 어디를 가든지 그 곳의 모든 분야의 제반 사항을 자기의 경륜과 결부시켜 온고지신溫故知新의 지혜를 활짝 펴보자 하는 생각을 우리는 항상 품고 다녔다.

그런 차원에서 전국을 문화재 수집 차 두루 탐방하고 있었다. 이번에는 영주 소수서원과 선비촌을 찾았다.

우리 일행은 윤태진 교수의 차와 나의 소형차를 나누어 타고 아침 일찍 양평을 떠났다. 윤 교수는 아직 칠십대 초반이라 심신心身이 튼실하지만, 나는 이미 팔십대의 나인지라 장시간의 운전에는 졸음이 잦아 자신이 떨어진다.

하루는 관동팔경의 하나인 강릉 경포대를 향해 젊은이처럼 의기충천하여 두루 구경했다. 경포대는 경포호수를 끼고 높은 언덕에서 관망하기 좋은 곳에 자리하고 있다.

호수와 솔밭, 동해의 창파에 가고 오는 갈매기, 이 모두를 옛 선비들이 구경하듯 구경하고, 오죽헌을 찾았다. 신사임당을 5만 원권 지폐의 초상화와, 포도나무 그림을 비교하여 보면서 내려와 경포대 아래의 초당동에 있는 고요하고 아늑한 허균의 생가마을을 방문했다.

차실 문이 열려있어 작설명雀舌茗 달이는 향긋한 향기가 은은히 풍겨져 그윽한 정서가 가슴을 설레게 한다. 여름하늘이 따가운 오후의 한나절에 향사연회 노유들은 차실에 들어 옛 양반가의 다탁茶卓을 앞에서 마주 하여 앉았다. 정경부인 같은 요조부인이 들어와 예의를 갖추어 따라주는 전통차를 예스럽게 들고, 무이산 수렴동의 암다岩茶 대홍포大紅袍에 못지 않은 고품격의 향을 마시면서 잠시 옛날에 머물렀던 일이 있었다.

그랬는데 양평으로 돌아오는 길이 문제였다. 신나게 잘 오다가 횡성을 조금 지난 국도지점에 이르러 정신이 아릿거리더니 그만 깜박 했다. 80노구에 하루의 여행 피로가 몰려왔던 것이다.

순간이라는 말의 '瞬' 자는 '눈깜빡일 순' 자를 쓴다. 즉 눈을 한 번 깜빡이는 동안의 시간을 뜻한다. 그런데 이번 깜빡은 순간보다 더 짧은 시간이었다. 그 졸음 속에서도 브레이크는 작동되었다. 그런데 차는 옆으로 미끄러져 엉뚱한 숲 앞 길섶에 세워져 있었다.

그런 일이 있은 터라 젊은 동곡은 죽어도 함께 죽자고 제법 의리를 내세워 내 옆 좌석에 그냥 탔는데, 팔십이 넘은 늙은 야은은 내 차를 타지 않겠다고 기피하여 다른 두 사람이 꺼림칙한 기색을 하며 바꾸어 동승한 일이 있었다.

그렇게 혼난 일이 있었는데 이번에도 당돌하게 내 소형차를 경차보다 낫다면서 함께 가자고 하였다. 아니 그렇게 할 수밖에 없었다.

신재愼齋 주세붕周世鵬은 조선 중기의 문신으로서 풍기군수로 부임하면서 우리나라 최초로 백운동서원白雲洞書院을 창설하여 후학을 길러내는 데 힘썼다. 그 후에 황해도관찰사를 지내면서 해주에 수양서원首陽書院을 또 창설한 청백리로 이름 높은 학자다.

신재가 벼슬자리를 옮겨 직제학, 도승지, 호조참판 등을 역임하면서 도성으로 자리를 옮기자 퇴계退溪 이황李滉이 백운동서원을 맡아 신재를 대신하여 강학하였다.

퇴계 이황은 서원 학동들과 고을 백성들을 위하여 임금님께 덕화를 베푸시도록 주청하였다. 그래서 명종明宗의 어필사액을 받아냈다. 그 사액에 수학을 길이 이어가라는 뜻을 담아 소수서원紹修書院이라 이름 지어 내렸기에 그때부터 원래의 백운동서원이 소수서원으로 바뀌었고, 이 서원에서 이름 높은 사림士林을 많이 배출하였다.

그 소수서원을 우리 일행이 찾아갔다.

서원 어귀에 들어서자 질푸른 고송이 하늘을 뒤덮고 꽉 들어차 그윽하기가 이를 데 없다. 때마침 이른 봄이라 봄바람이 세차다. 그 솔 소리를 듣자니 마치 서원에서 강학하는 학동들의 글 읽는 소리가 아슴푸레 들려오는 것 같은 착각에 빠진다.

서원을 구비 돌아 흐르는 죽계천의 벌창한 푸른 물에 오리 한 마리가 날아와서 헤엄치는 한가함 속에 서원 앞에 이르렀다. 서원 안 쪽 마주보이는 도리에 명종의 사액 '소수서원紹修書院' 현판이 단아하다. 그 사면 벽면에 기문판記文板과 시판詩板이 어지럽게 걸려있다.

영주시는 소수서원에 이어진 죽계천 둘레를 개발하여 '선비촌'을 만들고 공원화 하였다.

관광객은 서원보다 이 선비촌을 더 찾는다. 몰라도 너무 모른다는 생각을 하니 개탄스럽지 않을 수가 없었다.

고려 말의 유현儒賢인 근재謹齋 안축安軸은 자신의 고향인 죽계의 승경을 노래한 '죽계별곡竹溪別曲 오장五章'을 지어 세상에 남겼다. 생전부귀요, 사후문장이라는 말이 새삼 떠오른다. 즉 부귀는 죽음으로서 그치지만, 문장은 영구히 빛난다는 뜻의 말이다.

죽계천 천변에 이른 봄풀이 푸릇푸릇한 공원 풀밭에 죽계별곡을 기리는 시비 다섯 기를 오석과 애석 원석에 새겨서 자연과 조화를 이루도록 아름답게 세워 운치를 한층 돋운다.

이 시비詩碑 글씨는 우죽 양진니 선생의 초서체 글씨를 비롯한 우리나라 최고의 원로서예가 다섯 분의 글씨로 새겨져 있다. 전서, 예서, 초서, 행서, 해서 등 다섯 서체를 각기 달리하여 전아하고 웅장한 조화를 이루는 필치로 쓴 최상의 명필이다. 나이를 초월한 힘찬 글씨를 각기 다르게 하여 품위를 높인 최고의 걸작 품 시비로서 문화재적 가치를 더해주고 있어 선비촌의 격을 한층 드높이고 있다.

선비 촌에 들어서면 대를 이은 전래의 양반가와 가문의 전통 풍속이 살림때가 듬뿍 묻은 그대로인 고옥들이 가지런히 서 있다. 기와집과 초가집을 가리지 않고 옹기종기 한데 모아놓은 양반가와 상인常人의 집이 한데 섞이어 있다. 그리고 곳집에 상여까지 갖춰놓은 순박한 마을이건만 그 공적을 남긴 종가의 귀인성스런 거가대족들은 다 어디로 갔는지 텅 빈 집만 쓸쓸히 서 있어 그저 선비촌의 모양새를 보여주기 위한 가상적 자취만을 남겨놓고 있다. 실제로 사람이 살고 있는 낙안읍성이나 양동마을과는 판이하게 다르다.

마을 한 편에 놓인 돌다리를 건너서면 하늘에 닿을 것 같은 거대누각 죽계루가 날렵한 처마를 받쳐 들고 마을의 위상을 높이고 서있다. 죽계루의 넓은 마루에 그곳 원님과 토호들이 유생들을 모아놓고 백일장을 치루는 그런 그림이 눈 앞에 떠오른다.

우리는 주막에 들려 동동주와 부침개를 사이참처럼 시켜놓고 다소 피곤하여 나릿나릿한 몸을 쉬고 있었다. 마치 죽계 촌 옛 마을의 원로 노인들처럼.

마음씨가 사분사분한 주막집 여주인과 함께 소수서원에 얽힌 이야기를 주고 받으면서 한가한 시간을 쉬고 있었다.

紹修書院 소수서원

白雲洞啓愼齋由 백운동계신재유
講學紹承理探求 강학소승이탐구
賜額王化揮筆奏 사액왕화휘필주
感恩專一退溪謀 감은전일퇴계모
今人幾識先賢意 금인기식선현의
訪己少知省悟羞 방기소지성오수
碧水閑飛鳧一泳 벽수한비부일영
松濤不盡似唔悠 송도부진사오유

신재는 백운동에 서원을 열어서
강학하여 진리탐구 이어가더니
퇴계는 왕화를 주청하여 어필사액 받아와
유생들을 감동시켜 열중케 하였다네

선현의 이 뜻을 요즘엘랑 뉜들 알리
나 또한 부족하여 부끄러울 따름이라
죽계의 푸른 물에 한 오리 헤엄치고
솔바람은 아스라이 글소리로 들려오네.

榮州竹溪 영주죽계

川邊春草已靑羨 천변춘초이청이
別曲謹齋讚竪碑 별곡근재찬수비
典雅斌斌雄筆致 전아빈빈웅필치
健毫齊齊淨書移 건호제제정서이
儒村淳朴班家聚 유촌순박반가취
宗宅遺功貴戚離 종택유공귀척리
樓閣飛檐霄壤間 누각비첨소양간
楹聯聯句意尋思 영련연구의심사

개울가 봄풀이 하마 푸른 곳에
시비 세워 근재의 죽계별곡 찬양하누나
전아하고 웅장한 필치로 조화를 이룬
힘찬 글씨 가지런히 빗돌에다 옮겼네

선비 촌엔 순박한 양반집이 옹기종기
공적 남긴 귀족종가 죄다 떠났네
하늘 땅 사이엔 죽계루의 날렵한 처마
기둥의 주련글귀 그 뜻 찾아 사색해 본다.

2. 노을빛 뒤안길

붓을 드는 노인들

양평 강남땅에 아파트가 남한강을 바라보며 새로이 들어섰다. 그와 동시에 나도 입주했다. 입주한지 얼마 되지 않아 입주민들에게 떠밀려 어쩔 수없이 임기 4년인 노인회장을 맡게 되었다.

회장된 입장에서 노인 분들에게 유익한 무엇인가 할 일거리를 찾아드려야 하겠다는 사명감 같은 것에 사로잡히게 되었다. 그런데 입주민이나 노인들에게 조금도 부담을 주지 않으면서 할 수 있는 유익한 것이라고는 내가 지니고 있는 서예교습 말고는 달리 할 것이 없었다. 서각공부를 겸하자니 장소가 마땅치 못하다.

아파트 주민대표들을 설득하고, 경로당의 노인 분들과 모여서 의론하고 설득하여 경로당 내에 서예공부방을 열기로 결정했다. 우리 노인회는 서예공부를 하는 경로당이라는 명분을 내걸고, 노인은 물론 아파트 입주민이면 남녀노소 누구를 막론하고 다 와서 공부하라고 방송하고, 엘리베이터 내부에도 홍보물을 써 붙였다.

官의 지원으로 비좁은 경로당을 확장하여 넉넉한 공간에서 노인 숙생들은 네오내오없이 서예라는 새로운 문화를 접하면서 숙생들 서로가 누구에게 뒤질세라 공부를 열심히 하고 있다. 늘그막에 다시 태어난 기분으로 차원 높은 인생을 경험하고 있는 것이다.

서예공부방 이름을 '강상묵숙江上墨塾'이라고 지었다.

"서예를 공부하는 글방"이라는 의미의 이름이다.

묵숙의 묵자는 '먹 묵墨' 자로 붓글씨를 나타내는 글자이고, 숙은 '글방 숙塾'자다. 옛날에는 큰 고을마다 의숙義塾이라고 하는 학교를 대신한 교육시설이 큰 고을마다 거의 하나씩 있어서 마을 아이들은 물론, 인근 지역의 아이들까지 공부에 참여하게 하였다. 그런 의미를 지닌 명칭이다. 내가 살던 광탄의 집터가 바로 옛날 광명의숙光明義塾이 있던 자리였고, 용문초등학교의 전신이었다.

서예공부방 동참인도 17명으로 늘었다. 나는 입숙하는 노인숙생들에게 풍아한 아호雅號를 지어들이고 아호로 호칭하게 했다. 나이 든 노인숙생들은 서로 간에 존중하며 화기가 애애한 모습으로 공부에 열중하고 있다.

실내 벽에는 연습한 습작품을 걸어 감상 겸 서평 할 수 있는 장치까지 해놓았다. 다시 말해 유리창을 제외한 사면 벽면에는 어느 갤러리 못지않게 작품을 걸 수 있게 만들었던 것이다.

긴 세월을 다만 손 싸매고 앉아있던 나이 많은 숙생들이 하루도 거르지 않고 열심히 공부한 나머지 지성이 감천이라 서예실력이 싸목싸목 나아져서 전국 유명 서예대회에서 상을 타고, 작품전시도 하고 보니 성취감이 생겨났다. 다소 그악스럽고 눈썰미가 좋은 몇몇 분은 주민들에게 가훈도 써주고, 병풍도 꾸며준다. 그리고 늦게나마 자신의 존재목적을 깨닫고, 손자들에게는 할아버지의 서예글씨로 족자 표구하여 보여주는 즐거움을 갖기도 한다.

강상묵숙이라는 작은 공부방 하나를 경로당에 만든 것만으로도 많은 노인들이 백수풍진에 을씨년스럽던 그간의 생활이 바뀌어 활기 넘치는 새로운 기를 흠뻑 받게 되었다.

그리고 배우는 동안은 늙지 않는다는 참 이치와, 호기심을 잃는 순간 늙는다는 이치까지를 깨닫게 됨으로서 상실된 가능성을 찾았다. 이리하여 부정적 잠재의식을 긍정적으로 바꾸어 자기 자신을 개선, 발전시켜 자신의 문화를 창조하는 신념 있는 노인으로 변모시켰던 것이다.

희망이 상실되고, 심한 정신적 갈증으로 절망할 필요조차도 없었던 노년을, 무료하여 한숨 쉬며 스스로를 소외되었다고 처져 있었던 지난날의 공허한 세월을 활기 넘치는 고차원적 생활로 바꾸어 쓸쓸하고 외로웠던 나날이 언제였나 싶을 정도로 즐거움을 찾는 의욕으로 바꾸어 놓았다.

나아가 자신의 존재감마저 희미했던 가정도 구순하게 이끌어가며 노후를 여봐란 듯이 보낼 수 있게 되었고, 너무도 불투명하던 그간의 인생에 손에 붓을 들므로 써 살아갈 이유가 뚜렷해졌다.

주민들은 가훈도 받아가고, 춘방도 받아가며 품격이 있는 아파트에서 살고 있다는 자긍심이 이는 간접효과도 갖게 하고 있다.

배롱꽃이 흐드러진 강상묵숙

나는 '현대성우 1단지 노인회 경로당'이라는 간판과, '강상묵숙江上墨塾'이라는 간판을 서각으로 멋을 한껏 내어 손수 만들어 경로당 앞에 걸었다. 그리고 개강 2주년 기념 습작전을 열어 내외에 과시했다. 이곳 출신인 국회의원과 양평군수를 비롯한 걸출한 외빈들이 들려 찬사와 격려를 아끼지 않았다. 또한 주민을 대상으로 노인숙생들이 앞장서서 가훈 써주기 운동을 벌려 좋은 호응을 얻고 있다.

그뿐이 아니다. 경로당이 정부의 지원으로 얼마간의 복지나마 받기만 한다는 편견을 바꾸어 우리 노인들도 교육적 차원에서 적지만 무엇인가 하고 있다는 어른으로서의 미덕도 보여야 하겠기에 연말을 즈음하여 산타할아버지의 선물 나눠주기를 비롯해서, 각자의 소원을 적은 풍등 날리기, 강상묵숙의 덕담을 적은 연 날리기 등 다양한 행사를 양평강의 물바람을 쏘이면서 주민들과 함께하는 즐거운 시간을 보내고 있다.

숙생들은 벽에 걸어놓은 습작품을 보면서 숙사의 교습지도 하에 서로 간에 서평을 한다. 글자의 점과 획, 결구와 장법에 이르기까지의 잘된 점, 안된 점을 지적하며 공부에 도움주고 있다. 입담 좋은 노인들은 야스락거리면서 서로를 칭찬하며 부러움을 털어놓는다. 그뿐이 아니다. 중앙의 전통 있는 서예대회에 출품하여 우수한 수상과 함께 상금까지 받아오고 있다.

세상에는 어느 분야에 솜씨 좋은 사람이 많다. 그러나 솜씨 없는 사람이 더 많다. 솜씨 없는 사람은 그만큼 더 노력하면 솜씨 이는 사람을 뛰어넘는다. 그래서 모든 숙생들이 다 같이 열심히 공부한다. 이와 같이하여 짧은 기간에 쌓은 서예 실력은 일약 진전하여 어디에 내어놓아도 수준급으로 원숙하게 자리매김 하고 있다.

손에 붓을 들고 획 하나를 긋고는 미소 짓고, 글자 한자를 쓰고는 희열을 느낀다. 마치 고목에 싹이 트는 기분을 만끽한다. 이와 같이 서예라는 매력에 행운유수와 같은 풍류를 즐긴다. 처음 서예공부를 시작했을 때의 기대보다 훨씬 더 큰 성과를 경험하고 있는 것이다.

우리 양평군이 교육부로부터 '평생학습 모범도시'로 선정 받은 데 힘입어 양평군에서는 '사람을 만들고 사람이 만드는' 평생학습이라는 슬로건을 내걸고 '평생학습과 주민자치어울림축제'라는 이름의 동아리 경연대회를 열어 축제분위기를 한껏 돋운 가운데 32개 부문에 걸친 작품전시회를 성대하게 열었다.

여기에 강상묵숙 숙생 모두가 그간 다듬은 솜씨의 작품 30여점을 출품, 전시하여 수많은 관람객으로부터 깍듯한 찬사를 받았다. 또한 축제의 일환으로 가훈 써주기 행사가 있었는데 군내 참가자 서예 5개

팀 중에 우리 강상묵숙이 도맡았다. 축제가 시작되는 오전 10시부터 다음 날 끝나는 시간인 오후 4시까지의 이틀 동안 끊이지 않고 이어졌다. 그 이틀에 걸쳐 160여 명의 많은 사람에게 가훈을 써주었다. 지방언론은 숙생들이 휘호하는 모습을 여러모로 촬영하고 인터뷰 하는 등 법석을 떨더니 몇 군데 언론에 한 면을 다 차지한 기사로 보도되는 등 노인 서예가로서의 보람찬 즐거움을 한껏 느끼게 해주었다. 노인들에게 새로운 희망도 생겼다. 희망은 제2의 영혼이라는 것 또한 이번 기회를 통하여 절실하게 느끼게 되었다.

32개 동아리 중에 4개 팀만을 선정하는 거기에도 우리 강상묵숙이 당당히 우수동아리로 선정되어 상당 금액의 상금도 받았다.

나는 다가오는 제3회 전시작품을 금년보다 한 차원 높일 구상으로 머리를 돌려야 했다. 그래야 내일부터 당장 실행에 옮길 수가 있기 때문이다.

70대, 80대 노인들이 다만 늙었다고, 그래서 이제 아무것도 할 수 없을 것이라 체념하고 축 늘어져 정신이 옹송옹송하던 지난 날이 획기적으로 바뀌었다. 낡아빠졌다거나 시들어서 쓸모없다고 여겼던 삶이 이와 같은 전시를 통하여, 또는 가훈 써주기 행사에 참여함으로서 생각이 바뀌고, 행동에 생기가 돌아 싱싱하고 윤택하게 변했다. 그리고 숙생 모두가 신념이라는 위력을 확인했다.

매일 매일을 기계처럼 맴돌던 싱겁고 지겨웠던 삶이 바뀌어 우리 숙생들은 이제 멋과 예술을 체험하는 노인이 되었다.

대단한 권력을 가진 국회의원에게는 4년이라는 임기가 있지만 예술가에겐 임기가 없다. 우리 묵숙 노인들이 이제 차원 높은 서 예술로 생을 마치는 그날까지 임기 없는 풍류를 즐기는 노인으로 변하고 있다. 그래서 이를 주선하고, 다방면의 지혜를 짜서 강력히 밀어붙였던 나 자신도 멋있는 노인이 아닐 수가 없다.

우리 묵숙의 모든 노인 숙생들이 한여름 내내 꽃이 지지 않는 배롱나무 꽃처럼 아름다운 여생을 이어가기를 강상묵숙 숙사로서 기대하면서 나의 모든 것을 아낌없이 제공하고 있다.

이 행복감과 멋스러움을 이름 높은 어떤 화백도 그려내기에는 힘에 부칠 것 같다.

수염할아버지의 아이들

나의 큰 손자가 초등학교를 다닐 때였다. 여름방학에 가족신문을 만들어오라는 숙제를 받아왔다. 할아버지인 나는 두꺼운 모조지를 사가지고 와서 손자와 함께 가족신문을 꾸며보았다. 우선 전지를 반절로 접고 구독하던 조선일보를 본 따서 가족신문 상부에 표제자리를 정했다. 그리고 기사자리와 사설자리를 구분하여 줄을 처서 칸을 분리해 주었다. 표제를 집 마당의 대추나무를 상징삼아 '대추나무골신문'이라 정하고 손자가 기자가 되어 기사를 쓰게 했다. 그리고 아이 어미는 아들과 의론해가며 사설을 쓰도록 했다. 이것이 학교에서 당연히 일등으로 뽑혔다. 그때의 그 손자가 하버드 로스쿨을 거쳐 보스턴에서 검사로 재직하고 있다.

우리 형제자매 가족들의 소식지로 가족신문을 만든 지가 벌써 좋이 20년은 된다. 막내 동생 소올이 기자 겸, 편집 겸, 발행인을 겸하여 일 년에 두 번은 발행한다. 국배판 크기로 40여 쪽 분량에 표제를 할

아버지의 함자를 넣어서 '동규東奎가족신문'이라 하고 화보를 겸하였다. 이 신문은 우리 형제자매 8남매의 자손들이 사는 근황을 서로 서로 알려서 유대를 더욱 굳게 하여 서로가 소원하지도, 설면하지도 않게 하고자 하는 소올의 갸륵한 발상으로 시작한 것이다. 소올은 우리 형제 중 막내 동생으로 이름난 한의사 신재용의 아호다.

우리 가문은 원래 6대를 이어오는 한의사 집안이다. 그렇다보니 우리의 8남매 밑에는 의사가 7명이나 있다. 그리고 과학자, 음악가, 법조인, 교수, 기업인, 시인, 의상디자이너, 실내디자이너, 심지어 영화감독까지 고루 갖추어져 있다. 하는 일이 다양한 만큼 박사만도 9명이나 된다.

가족도 한 60명이나 되다보니 활동범위가 넓어서 못하는 일이 없고, 없는 재주가 없어 기사거리는 다양하고 볼거리가 옹골찬 것이 여느 잡지보다 잔재미는 더 있다.

신문에는 그간의 다양한 활동상황과 이웃에 기쁨 주는 미담, 그리고 각각의 집안에서 일어나는 손자들의 커가는 모습을 사진과 함께 실어 알려준다. 그뿐이 아니다. 심지어는 각 가정에서 키우는 강아지의 소식에 이르기까지의 모든 것을 소상하게 알려준다.

가족의 유대를 위하여 신문만으로는 부족하다 여겨 소올은 오래 전부터 조카들을 앞세워 송년 가족음악회를 성대하게 열고 있다. 처음에는 가족운동회를 몇 번에 걸쳐서 하다가 우리 형제들이 나이가 들어 어칠비칠하고, 번번이 장소도 마땅치 않아 방향을 바꾸어 가족음악회로 돌렸다. 그 모임을 '수염할아버지의 아이들'이라 붙였다. 우리 할아버지는 수염이 매우 아름다운 분이셨다. 삼국지 관운장의 삼각수보다는 다소 떨어지지만 같은 미염공美髥公임에는 틀리지 않는다. 그래서 붙인 이름이다.

이날은 아들딸들이 제 자식들을 거느리고 밝은 모습으로 모두들 다 모인다. 서로들 반가이 인사하며 이야기꽃이 한없이 이어진다. 손자들은 어느새 훌쩍 크고, 서로가 서먹하고 어색해 머뭇머뭇하다가도 금세 활기를 띠고 어울린다.

손자 손녀들이 번갈아가며 사회를 보고, 각자가 들고 온 악기와 노래, 그리고 춤을 추면서 자기들이 갈고 닦은 재주를 한껏 뽐낸다. 어른들은 이들의 갖은 재롱을 다 지켜보면서 함께 어울려 분위기를 고조시킨다.

아이들은 아이들대로, 그 부모들은 그들대로, 노인들은 노인대로 가진 재주를 다 풀어놓는다. 그뿐이 아니다. 언제부터인가 외부에서 음대교수 급 성악가 여러 사람을 특별히 초빙하여 우렁찬 노래로 장내를 최고의 축제장으로 북돋운다.

해외에 있어서 참석할 수 없는 가족들은 영상물을 보내와서 스크린에 방영하여 함께 어울리는 것처럼 배려한다.

십여 년 전부터 고전무용을 하고 있는 제일 고령인 나의 아내는 손자들을 앞세워 너울너울 춤을 춘다. 큰 누이동생은 늙음을 가리지 않고, 갈고닦은 노래실력을 한껏 발휘하여 노래를 부른다. 음악박사 며느리의 피아노 반주에 따라 그것도 젊은 층에 맞추어 최신곡으로만 막힘없이 몇 곡을 메들리로 부른다.

중년층 여러 명은 멕시코 악기라는 커다란 마림바에 둘러서서 합동으로 화음 맞춰 두드리고, 노인들은 핸드벨을 각자의 음계를 맞춰 틀릴세라 조심스럽게 울린다. 이런 재주를 손자들과 함께 격이 없이 어울리며 수염할아버지의 아이들로서 노소동락의 음악회를 우리는 해를 거르지 않는다.

미국 플로리다에 사는 셋째 누이동생 방춘은 지금의 분위기를 영원히 이어가라고 '동규가족신문'에 글을 올렸다. "기러기가 하늘을 V자로 예쁜 모양을 하며 나는 것은 바람의 저항을 효율화하기 위함이며, 선두자가 지치면 바로 뒤의 힘 있는 자가 대신한다. 도중에 지쳐서 쉬어야 할 자가 있으면 힘 있는 다른 두 마리가 함께 땅에 내려 돌봐 주다가 무리로 합류한다. 우리 '수염할아버지네 아이들'의 공동체가 이와 같이 힘든 일, 좋은 일을 사랑에 얽어서 서로 북돋아주며 격려하는 아름다운 향기가 넘치는 집안이 되기를 바란다."고 격려하는 글을 올린 바가 있다. 지금 우리는 그것을 하고 있으며, 앞으로도 영원히 이어나갈 것이다. 더 나아가 우리들의 화목한 분위기가 사회에 전파되어 세상의 모든 가정이 좋은 세상을 만드는 밑거름으로 삼으면 좋겠다.

나로부터 5대를 거슬러 올라간 고조할아버지께서는 당대의 명의셨다. 어느 한 해에 대흉년으로 백성들이 극심한 굶주림으로 고통을 겪고 있을 때에 커다란 쇠죽가마에 좁쌀로 죽을 쑤어 한 바가지씩 나누어주어 구휼하셨다는 미담이 우리 가문에 전해져 내려온다. 좁쌀은 함경도의 주 생산 곡물이다. 이런 것이 우리 집안의 전통이고, 피 내림이다. 이것을 '동규가족신문'과 '수염할아버지네 아이들'을 주도하고 있는 나의 막내 동생 소올이 이어받고 있다. 그는 성인聖人만 바라보고 사는 오롯한 정신을 지닌 사람으로 노인복지 의료봉사단체인 '사단법인 동의난달'을 설립하여 지금까지 20년째 전국을 돌며 수십 명을 헤아리는 봉사요원과 함께 의료봉사를 지속하고 있어 우리 가문뿐 아니라 이 사회에 모범을 보이고 있다.

용문산에 천백 년을 살고 있는 높이 60미터의 은행나무가 있다. 나무뿌리는 깊이 박혀 사방 둘레 백 보에 이르고, 그 끝은 몇 길 아래 용문산 계곡물에 잠겨 수액을 빨아들인다. 나무줄기는 오랜 세월의 흔적이 묻어나 커다란 혹을 주렁주렁 덧붙여 괴상을 이루고, 가지는 모진 비바람에 꺾여 나갔고, 남은 가지는 지지대를 받쳐 보호하는 등 상처투성이다.

그럼에도 봄이 되면 파릇한 잎이 야들하고, 여름에 무성한 가지가 하늘을 덮는다. 가을에 노란 은행잎 사이로 탱글탱글한 은행 알이 빈틈없이 꽉 찬다. 이렇게 천백 년을 지켜온 나무가 오랜 세월을 용문사의 범종소리를 듣고, 연불소리를 들으며 한 자리에 서서 지켜오는 동안 부처님의 덕기가 듬뿍 서렸을 것이기에 신령스러워졌다 하여 해마다 이 영목靈木에 제사를 올리고 있다.

총명한 우리 형제자매들의 자손이 이 거목처럼 천년을 넘게 왕성한 기백과 명성을 얻어 세상에 높이 존경받는 가문으로 지켜가며 이어지기를 염원한다. 또한 우리나라의 모든 가정이 다 함께 화목하고, 행복하기를 바라는 마음 간절하다.

연오랑延烏郎 세오녀細烏女

4월의 따뜻한 봄날이었다.

향사연회 노학자들이 이번의 나들이를 포항 호미곶虎尾串으로 정하고 차를 몰았다. 구룡포에서 과메기덕대를 차창너머로 건너다보며 대숲이 총총한 마을 몇 군데를 지나니 한없이 펼쳐진 푸른 바다가 출렁인다. 옹기종기 떼를 지어 앙증맞게 볕을 쪼이는 갈매기가 따뜻한 백사장에 졸고 있다.

호미 곶에 차를 내리자 4월의 바닷바람이 노인들의 옷깃 속에 스며들어 공원의 풍광 속에 하나로 흡수된다.

힘차게 치켜 올린 범의 꼬리 끝에 넓은 공원을 마련하고 걸출한 조형물을 조성해 놓았다. 서로가 화합하고, 상생한다는 커다란 구리손이 우람하게 서 있는 그 앞에 커다란 조형물이 있다. 둥근 대리석 판 중앙에 오석으로 '연오랑延烏郎 세오녀細烏女 상像'이라 새긴 구조물 앞 양쪽에 연오랑과 세오녀가 그리움을 호소하며 금방이라도 달려가 끌어안을 것 같은 자세로 마주보고 있는 동상이 서 있다.

연오랑延烏郎과 세오녀細烏女가 풍랑으로 왜국에 각기 표류되어 그곳의 왕이 되고, 왕비가 되었다는 전설을 지닌 극진한 사랑의 동상을 감상에 젖어 나의 젊었을 때의 기분을 되새기며 한참을 쳐다보았다.

옛날 내가 한참 어렸을 때, 그때 나이 열일곱 살인가 그랬다. 우리 집에서 산 넘어 성천강가에 살고 있는 여학생을 사모했다. 아직 정수리의 숫구멍이 채 굳기도 전의 어린 것이.

그 여학생의 집에 가려면 반룡산을 끼고돌아 한참을 가야 하는 길이다. 나는 자전거를 타고 그녀의 집 앞까지 자주 갔다. 그러다가 마주치는 경우도 여러 번 있었지만 수줍어서 말도 못 붙이고 되돌아서는 일을 수도 없이 되풀이 했다.

그녀의 집이 반비알진 사과 과수원과 함께 이어져 있는 우리 문중 산자락이다. 갓을 쓴 큰 비석의 비문을 내 아버지께서 약관에 쓰신 나의 조상 산소가 그 과수원에 이어져 있어서 핑계 김에 자유로이 여러 번 올라갔다. 하루는 친구와 함께 올라 과수원이 함께 있는 집 쪽을 내려다보면서 음치를 무릅 쓰고 고성高聲으로 노래를 불렀다. 친구와 함께 있어서 용기가 생겼던 것이다.

햇볕이 강한 가을 날씨에 과수원에서 사과를 따고 있던 그 여학생이 갑자기 보이지 않는다. 나를 알아보았는지 집에 들어가서 옷을 갈아입고 얼마 후에 다시 나온 것이다. 아마도 나한테 좋게 보이려는 생각에서였을 것이다. 나보다 한 살 연상인 그녀도 자기를 향한 나의 풋사랑을 알고 있었던 모양이다.

그때만 해도 남녀 간의 사랑 고백은 부끄러워 좀처럼 입 밖에 내지 못하던 시절이었다. 더군다나 아직 젖비린내가 미처 가시지 않은 어린 나이인지라 끝내 고백을 못한 채 나는 38선을 넘어왔고, 그 사랑은 허공에 떠버리고 말았다. 그런데도 70년 가까이 지난 지금까지도 아쉬움이 남아선지 유춘복劉春福이라는 그 이름 석 자가 가슴 깊이 각인되어 잊혀지지 않는다.

연오랑과 세오녀의 사랑도 그렇게 순수했던 모양이다. 그랬기에 하늘이 도와 연오랑이 풍랑으로 표류되자 세오녀도 같은 방법으로 표류되어 서로가 다시 만났던 것이 아니겠는가 하고 나의 어릴 적의 이루지 못한 사랑을 한 번 되새겨보았다.

노인들이라 조금은 산산하게 느껴지는 날씨 속에 겹겹이 이는 파도를 흥에 겨워 보면서 팔십 고령의 우리들이 아직은 살아있기에 오늘을 보는구나 하는 요행을 하늘에 고마워한다.

포항시내에 이르러 달콤새콤하고 시원한 포항명물 물회를 시식하고 나오면서 110미터의 높은 용광로에서 1,200도의 고열이 만들어내는 하얀 김이 구름처럼 뭉게뭉게 솟구쳐 오르는 포스코를 건너다보고 있노라니 감회가 깊어 잠시 그 당시를 뒤돌아본다.

당시의 어려운 국력을 극복하고 세계에서 손꼽히는 장엄한 제철소를 건설하였다는데 놀라지 않을 수가 없었으며, 그렇게 하여 대한민국을 오늘에 있게 한 고 박정희 대통령과 박태준 회장 등 그때의 걸출한 인물들에게 마음속으로 찬사를 보냈다.

80대 노인들이 바람 찬 이른 봄에 얼음 섞인 물회를 먹고, 따뜻한 손을 배에 얹으면서 우리는 귀로에 올랐다.

박달과 금봉이의 모욕侮辱

박달재는 충북 봉양에 있는 해발 450여 미터 높이의 한양에 이르는 고갯길이다.

고갯길에 접어들자 단청을 곱게 칠한 고주高柱 솟을대문이 길 위에 헌거롭게 서 있어 여기가 박달재임을 한 눈에 알아보게 해준다. 이 고갯길을 구불구불 조금 더 올라간 곳에 공원이 나타났다.

고갯마루의 작은 공원 끝자락에 원래는 '박달재'라는 돌비석이 하나 외로이 서 있었을 뿐이었는데 어느새 큰 규모의 공원으로 탈바꿈하였다. 나도 놀랐지만 예전에 다녀갔다는 다른 회원도 놀란다.

한 14~5년은 되었을 성 싶은 그때에 월악산을 등반하고 귀로에 들린 곳이 박달재였다. 그 때의 박달재는 쓸쓸하리만큼 외롭고 적막하여 시설물이라고는 아무것도 없었다. 다만 '박달재'라 쓴 돌비석이 받침대 위에 하나 쓸쓸하리만큼 댕그랗게 서있었고, 길 건너편 으슥한 숲속에 쇠락한 서낭당이 고즈넉이 숨은 듯이 서있는 것이 고작이었다.

그렇던 박달재에 수많은 장승을 비롯한 조각상이 여기저기에 어지럽게 서 있는 것이 공원에 너무도 어울리지 않게 흉물스럽다.

박달재를 공원으로 조성하고 관광객을 불러들여 볼거리를 제공한 점은 크게 칭찬하여도 아깝지 않다. 그러나 아름다운 조경에 어울리지 않게 공원 일대에 헤아릴 수 없이 많은 추잡스럽고, 조잡스런 외설적 시설물을 아무생각 없이 함부로 만들어놓은 것은 아무리 잘 보아준다 하더라도 욕설이 절로 나올 수밖에 없다.

무릇 공원이란 모처럼 가족끼리 놀러 와서 쉬고 가는 곳이며, 어린이를 포함한 남녀노소가 한데 어울리는 곳이다. 그리고 여러 사람이 함께 즐겨야 하는 곳이다.

철없는 아이들에게 제일 먼저 보여주어야 하는 것은 좋은 것을 보고 그것을 느낄 수 있는 학습적인 것이어야 한다. 그런데도 그런 수많은 외설적인 것을 거침없이 노출시켜 어린아이들의 머릿속에 채워준다면 그 아이들이 어떻게 바르게 자랄 것을 기대할 수 있을 것이며, 나아가 사회악의 씨를 심어주는 결과를 초래한다는 것을 어찌 모른다는 말인가?

성 추행으로 발 족쇄를 차고 다니는 사람이 하도 많은 이 시대에 그 공원 설계자들은 성 도착증 환자는 아닐 터이고, 건전한 사람이 분명할 터인데 도대체 어떤 생각을 하고 그렇게 분별없이 만들어 놓았는지 이해가 되지 않는다.

박달재를 전설화한 줄거리는 이러하다.

"과거길 유생 박달이 고개 밑 주막에서 유숙하다가 주막집 딸 금봉이와 눈이 맞았다. 두 사람은 서로 깊은 연정을 품게 되었다. 과거일이 다가오자 박달은 한양으로 뒤늦게 길을 떠나 가까스로 과장에 이르렀으나 온 정신이 금봉이에게 사로잡혀 좋은 글귀가 떠오르지 않아 결국 낙방하고 말았다.

낙방거자落榜擧子 박달은 돌아갈 체면이 서지 않아 돌아갈 길을 차일피일 미루고 한양에 머물고 있었다.

한편 금봉이는 꿈에도 그리던 낭군 박달을 안달복달 애타게 기다리다가 한양에서 변심한 줄 알고 상사병에 비영비영 앓다가 그만 죽고 말았다. 박달이 돌아와 이 말을 듣고는 금봉에게 미안하고, 면목이 없어 따라죽었다." 는 애달픈 사연이다.

박달과 금봉이의 지어낸 애절한 설화는 이렇듯 돌에 새겨 남겨놓았으나 공원 일대가 온통 비굴하고 음탕한 인상의 장승과 함께 남근만 잔뜩 만들어 놓았으니 아름다운 이 순애보의 박달과 금봉이를 마치 변강쇠와 옥녀의 변태적 색광으로 변신하게 하는 난잡한 공원으로 실추시켜 모욕을 주고 있다.

공원을 계획하고 관리하는 자의 머릿속에는 그것밖에 들어 있지 않았는지 매우 안타까운 일이다.

원래의 박달재 진실은 이러하다.

작사, 작곡가 반야월이 고갯마루에서 타고 가던 버스가 고장이 나서 일행이 잠시 쉬고 있었다. 때 마침 산언덕 숲속의 서낭당 앞에서 신혼부부로 보이는 젊은 남녀가 세차게 부는 살바람에 다보록한 머리털을 날리며 서로가 눈물을 닦아주는 이별의 애틋한 정을 보게 되었다. 그들은 애달픈 사랑으로 이별이 설어 발 길이 떨어지지 않아 차마 헤어지지 못하다가 한걸음에 서고, 두 걸음에 돌아보며 차츰차츰 거리를 넓히고 있었다.

이 광경을 보고 반야월은 즉석에서 노랫말을 엮었다.

울고 넘는 박달재

– 작사 반야월. 작곡 김교성. 노래 박재홍

천등산 박달재를 울고넘는 우리님아
물항라 저고리가 궂은비에 젖는구려
왕거미 집을 짓는 고개마다 구비마다
울었소 소리쳤소 이 가슴이 터지도록

부엉이 우는 산골 나를 두고 가는 님아
돌아올 기약이나 성황님께 빌고 가소
도토리묵을 싸서 허리춤에 달아주며
한사코 우는구나 박달재의 금봉이야

박달재 하늘고개 울고 넘는 눈물고개
돌부리 걷어차며 돌아서는 이별 길아
도라지꽃이 피는 고개마다 구비마다
금봉아 불러보나 산울림만 외롭구나.

天登山 朴達嶺 천등산 박달재

2011년 4월 11일

科儒愛戀失心惛　　과유애련실심혼
百慮千憂落魄昏　　백려천우낙백혼
今鳳遲疑思念死　　금봉지의사념사
朴郎恐惑亦從魂　　박랑공혹역종혼
城隍眼穿夫征別　　서낭안천부정별
惻隱淚珠婦撫捫　　측은누주부무문
膾炙作詞半夜月　　회자작사반야월
石碑無語任傳言　　석비무어임전언

사랑에 빠진 과거선비 정신을 놓아
애련으로 낙방하고 눈앞이 캄캄
금봉은 임 기다리다 상사병에 죽고
박달도 넋이 되어 금봉을 따랐다네

가는 낭군 서낭에서 보고 또 보며
구슬눈물 어루만지는 측은한 이별을
반야월은 말을 지어 노래로 알렸는데
돌비석은 그 말없이 지은 전설에 맡기네.

초가살이 칠십년

복잡한 주말을 피해 차를 몰고 목적 없이 달린다. 답답할 때면 늙은 아내와 함께 곧잘 하는 드라이브다. 80을 넘어 90을 바라보는 나이에도 앞에서 알짱거리는 차가 싫어서 추월하기 일쑤다. 그럴 때면 앞차가 70대인가보다 하고 중얼거리면서 시원스레 달린다. 때로는 길이 끝나는 마을까지 마구잡이로 들어갔다가 차를 돌릴 데가 마땅치 않아 어렵게 되돌아 나오는 때도 적지 않다.

한참을 달리다보니 어느 두멧길에 인접한 곳에 아직도 남은 초가집이 보였다. 한 200년은 되었을 성 싶은 전통초가다. 이엉을 갈아 얹지도 않은 거무죽죽한 지붕이 푹석 삭아있다. 집은 고옥인데 그런대로 정갈하고 마당도 깨끗하게 쓸려져 있다.

이 초가마당에 잠시 차를 세워놓고 물 한 병 담아갈 수 있는가 고 부탁했다. 주인 내외는 주름 골이 퍽이나 깊었다. 우리는 주인의 허락도 없이 마루에 걸터앉았다. 사람이 그리워 적적하던 참이었는지 대하는 품이 싫지 않은 기색이 역력히 드러난다. 가을걷이가 끝난 산산한 날씨인데도 마루에 앉아 잠시나마 말동무가 되어주기를 바라는 것 같은 표정을 지으면서 꼬질꼬질 때가 절은 마루에 그도 따라 앉는다. 나는 지내시는 일이 괜찮으시냐고 화두를 열었더니 “말씀 마시오. 집 뒤에 밭이라고 몇 뙈기 있는 것을 부쳐서 겨우겨우 풀칠이나 하는데 사는 것도 아니지, 이제 힘도 점점 부쳐서 이것도 하기 어려우니 목숨부지하기도… 이제 죽어야 하는데 말이야.” 하고 긴 한숨을 내쉰다. 내가 자기보다 한참 아랜 줄 아는 모양으로 잘 나가다가 다짜고짜 하대를 한다. 옛날에는 약초도 캤는데 그것도 못한다면서 “이 집에서 대를 이어 살고 있는데 우리가 죽으면 이 집도 끝이지 뭐.” 하며 그 표정이 매우 쓸쓸해 보인다.

자식이 있는지 없는지는 묻지 않았다. 물어서 소용없는 것이 세태인데 뭣 하러 쓸데없는 소리를 해서 가슴 쓰리게 하랴 하는 생각에서 화제를 돌렸다.

말벗은 좀 있느냐고 물었더니 “웬거얼, 우리 또래는 다 죽고 별로 없어. 저 개울 너머에 두 사람이 있기는 한데 골골해.” 하며 늘쩍지근하게 말을 하는 노인의 얼굴이 퍽 적막해 보인다.

이 노인 부부의 얼굴에 저승꽃이 어지럽게 검고, 주름 골이 깊이 파이기는 했어도 자세히 보니 칠십 중반으로 밖에 되지 않은 얼굴인데 늙은이 행세는 무척이나 하려고 한다.

그런 그들을 마주 대하고 보니 외롭게 사는 노인들의 처지가 측은하여 마음 한 구석이 저렸다.

정서 어린 이 초가草家의 풍정과 이 노인부부의 모습을 요즘 전국을 누비며 다니는 아마추어 사진작가들의 눈에 띄었더라면 어땠을까? “옛

촌민들의 애환이 얽힌 민속적 정취가 물씬 풍기는 참모습"이라며 남의 심정 따위는 아랑곳 없이 그저 멋있고, 좋은 피사체를 발견했다고 사진 찍기에 여념이 없었을 것이다. 그런 피사체를 연출하고 있는 두메마을의 노인과 고옥을 마주하고 있는 것이다.

지금이야 앞에 찻길도 생겼고 집도 들어서 다소의 볼거리라도 있다지만 몇 십 년 전만 해도 두메산 깊은 골이라 보이느니 사면에 우거진 울창한 나무 숲 뿐이요, 궁벽한 집에 오직 들려오느니 뭇새들의 지저귀는 소리 뿐이었을 것이다.

저녁 해가 기울고 가슴속 깊이 파고드는 고적감을 별들이 총총히 내려다 볼 즈음이면 호롱불 밑에서 애틋하고 끈끈한 정을 나누며 자식 낳아 오순도순 키우면서 쓸쓸하나마 그런대로 살맛을 즐기면서 살았을 정분을 상상해 보게 한다.

이 외딴집에서 대를 이어 헤어날 수 없이 다만 주어진 그대로 움츠리고 오랜 세월을 끈끈하게 살아왔을 그들의 지난 날을 뒤돌아 보게도 한다. 엄동설한의 스산한 바람에 잠 한 번 따스하게 자 보지 못하였을 모진 세월을 얼마나 보냈을까 하고 상상해보기도 하고, 그러한 속에서도 아침저녁에 노을이 지는 자연 속에서 유유자적하며 세상 걱정 다 잊어버릴 수 있는 자연인으로 살았을 것이라는 생각도 해보면서 몸 고생은 있었어도 마음고생은 별로 없었을 터이니 그것 또한 그리 나쁘지는 않았을 것이라는 생각도 해 보았다.

행복이 별 것이냐, 웃은 만큼 다가오는 것이 행복이요, 부부간에 마음 맞춰 살면 그것이 참된 복인 것을.

帶妻搔背 대처소배 - 등 긁어줄 아내

1986년 4월 축령산 산막에서

深壑炊煙香聞善　　심학취연향문선
一隅寒陋隱無妨　　일우한루은무방
負暄乾藥雲棲老　　부훤건약운서로
搔背帶妻晩境祥　　소배대처만경상

깊은 골에 밥 짓는 향긋한 냇내
뭐랄 사람 없는 허름한 오두막살이
볕 쬐며 약 말리는 구름에 사는 노인
늘그막에 등 긁을 아내 있어 늦복 누리네.

고고孤高한 독거노인

횡성 갑천의 궁벽한 두멧구석 오지에 짝을 잃고 홀로 사는 옛 친구가 살고 있다. 아호를 '솔재'라고 부르는 키가 장대처럼 훤칠하게 크고 성품이 숭굴숭굴 활달하고, 문학에 두루 해박한 멋스런 친구다. 당나라의 시성 이백처럼 술을 유난히 즐기는데 취하면 약간의 주사가 없는 편은 아니다.

솔재는 알프스에 오르거나 암벽을 타는 정도의 등산가는 아니었어도 국내의 어지간한 산은 두루 다 섭렵한 애산가다. 나하고는 수도 없이 산행을 하면서 산 정상에 올라 야호를 왜치며 호연지기를 논하던 여러모로 어울리는 오랜 친구다. 전국의 백 개를 넘는 크고 작은 산 정상을 다 밟은 나의 산행은 그 절반가까이를 솔재와 함께 야호를 외쳤다.

그렇게 활달하던 친구가 말년을 짝 잃은 독거노인이 되어 한평생의 서울살이를 접고, 어느 날 갑자기 세상의 교제를 억지로 다 끊었다. 그리고 산바람을 벗 삼아 벌써 십년을 헤아리는 은거생활로 세상과는 귀를 막고 두메에 묻혔다. 홀로된 아픔이 그토록 컸던 것인가 하고 생각해 보지 않을 수가 없다.

내가 어찌어찌 알고 찾아갔던 때가 벌써 한참은 되었는가 싶어 솔재의 모습이 눈에 밟힌다. 마음 같아서는 그와 더불어 좋아하는 소주라도 같이 마시며 한나절만이라도 벗해주고 싶지만 어쩌다가 들려도 차 때문에 술은 얼씬도 못하고, 그냥 싱겁게 되돌아올 수밖에 없는 형편이다. 다만 이웃의 농사짓는 식견 갖춘 노인이 자주 들려서 술잔을 나누며 위로해주는 것이 고작이라는 솔재다.

앞개울 건너 집 한 채가 있을 뿐인 오지의 외딴집 같은 고적한 곳에 소리 죽여 움츠려 사는 신선 같은 이 학발노인을 내가 오늘은 실로 오랜만에 찾아갔다.

집 뒤로 이어지는 가파른 산에서 크고 작은 이름 모를 새들이 지저귀는 소리가 귀에 즐겁고, 융단을 깔아놓은 듯 부드럽고 짙푸른 이끼를 옆에 끼고 졸졸졸 흘러내리는 실개천 소리가 새소리와 어울려 화음되는 한적한 두메산골의 작은 배추밭 가에 그물을 높이 치고, 넝쿨콩을 심어 놓았다.

그 앞마당에 신문지 여러 장을 깔고 우리 두 노인은 대청마루처럼 마주앉았다. 잔을 들고 지나간 옛 이야기를 주고받으면서 웃음 멋을 줄 모르는 모처럼의 편안함을 즐기고 있었다. 마당가엔 다람쥐가 쪼르르 달려와 두 발로 키를 높여 서서 우리가 하는 이야기를 엿듣고 있다. 개울 건넛집에서 낮닭이 회를 치며 목청을 높여 신선 사는 봉래방장이 여기라는 듯이 외로움일랑 잊으라고 일깨워준다.

그런가 하면 한 쪽에서는 산비둘기가 서글픈 목소리를 저음으로 깔고 구구구 구구구하면서 짝을 찾느라 애쓰는데 그것을 듣고 있으면서도 아직 80도 채 안된 그 자신은 너무 늙었다고 마치 도사나 되는 것처럼 고고한 허세를 부린다.

집 앞에 크지 않은 배추밭에 생전 처음으로 하는 농사일을 힘들게 하면서 그것도 일이라고 허리가 아프다며 술 생각만 하는 솔재 옹. 백학 같은 순백의 머리를 가을바람에 뒤로 흩날리며 자전거 타고 술사는 일에 공들이고, 창백한 얼굴에 안주 없는 소주를 연거푸 마셔가며 세월 가는대로 내맡기는 노 선비의 한 서린 비애가 그 얼굴에 각인되어 보인다.

모처럼의 만남이라 짧게만 느껴지는 한나절을 정을 쏟다가 이제 그만 시간이 지체되어 자리를 걷고 일어서려니 백학같이 새하얀 쑥대머리를 가을의 산들바람에 흩날리며 마음 아픈 작별의 손을 맞잡는다. 싸릿대로 얽어 엮은 바자울을 사이에 두고 한 쪽은 차를 타고, 다른 한 쪽은 몽롱한 허탈감을 감추지 못하는 적적한 얼굴로 아쉬움을 나눈다. 동구 밖에 가물가물 보일 때까지 쓸쓸히 손 흔들며 마음 다해 보내주는 노경의 별스런 우정의 솔재 옹을 백미러 속에 가물가물할 때까지 지켜보아야 했다.

벗이 떠난 빈 자리에 아스라이 들려오는 산새소리 이외에 사위는 또다시 고요 속에 잠겨있을 테지. 산이 다시 깊어지면 다만 들려오는 피 먹은 소쩍새 소리를 텅 빈 가슴에 담으면서 땅이 꺼지는 한숨을 토해내겠지. 그리고 달과 자기의 그림자와 셋이 함께 술을 마셔야 했던 저 유명한 시성 이백처럼 어지러운 세상사 다 잊고 홀로 취하여 텅 빈 공空의 경지에 빠져들겠지.

그 옛날 퍽이나 다정하고, 설설하던 나의 옛 친구, 고고한 노년의 솔재 옹이.

憶 故友 억 고우 - 옛 친구를 생각하며

窮村遁避獨居翁 궁촌둔피독거옹
世路交談强作聾 세로교담강작롱
寡鵠甚愁隣叟撫 과곡심수인수무
孤鳩長恨迎雌衷 고구장한영자충
蒼顔廢蟄聊觴倚 창안폐칩료상의
鶴髮飄搖酤酒功 학발표요고주공
午間鷄鳴山更奧 오간계명산갱오
忘機欲醉入眞空 망기욕취입진공

궁벽한 두멧구석에 홀로 사는 노인장
세상의 이야길랑 아에 끊고 산다오
홀 노인의 아픔을 옆집 노인 살필 적에
홀 비둘기 짝 찾느라 구구구 정성일세

창백한 얼굴에 죽쳐들어 술잔에 기대고
백학머리 흩날리며 술 받을 생각만을
낮닭이 울고 나서 산이 다시 깊어지면
취하여 세상사 다 잊힌 뒤 공(空)에 든다오.

독경소리에 위로받는 독거노인

내가 아는 사람 중에 박준호라는 머리털이 다소 성근 쾌활한 친구가 있다. 고희를 호텔에서 유난스레 해먹고, 채 일 년도 못가서 아내를 잃고 혼자 몸이 되었다.

아내가 아홉 살이나 연하인데다가 성품은 천사같이 고왔고, 얼굴은 남달리 하야말쑥하여 영화배우처럼 아름다웠다.

그렇게 나무랄 데 없는 그의 아내가 빌어먹을 신우염인가 하는 고약한 병에 걸렸다. 부족한 데가 한 곳도 없이 아름답던 그 얼굴이 검게 변하면서 시난고난 숨만 붙어 있다가 고생 끝에 육십을 금방 넘은 아까운 나이에 숨을 거두었다.

같은 또래의 남들이 다 재미 보며 즐기는 손자 재롱도 미처 다 보지 못하고 세상을 떴다는 것이다. 미인박명이라 했던가. 세상에서 가장 행복한 남자는 고분고분 순한 아내를 맞이한 사람이라더니 시샘은 저승처럼 극성스러운 것인가, 그의 행복을 하늘도 시샘하여 앗아갔던가?

그는 아내가 평소에 자주 다니던 절에 위패를 모시고, 하릴없이 독거노인이 되어 헛헛한 걸음으로 집에 돌아왔다.

그는 그간 자신만이 누리던 과분한 행복이 미리 누린 천국이었음을 실감했다.

그때부터 3년째 작은 아파트에서 제법 윤택하기는 하나 하릴없이 독거노인으로 고독 속에 홀로 살고 있다. 자식에게 얹혀살기가 싫어서 고생을 무릅쓰고 혼자 살고 있다는 것이다. 돈도 아쉽지 않을 정도는 가지고 있다. 그뿐이 아니다. 고위공직자로 정년퇴직 했다보니 다달이 퇴직연금도 솔찮게 꼬박꼬박 받는다.

그런데도 제 손으로 밥하고, 빨래하고, 혼자서 TV를 보면서 흥미 없는 삶을 외로움과 수심에 가득 찬 얼굴로 하루하루를 지루하게 살아가고 있는 것이다.

그가 갖춘 조건이라면 마음만 먹으면 무엇이든 다 할 수 있을 터인데도 인생에서 가장 소중한 동반자 하나를 얻지 못하여 도토리처럼 소외된 삶을 홀로 살고 있는 것이다. 주변머리가 없어서 여자 하나를 얻지 못하는 것인지 여간 안타까운 것이 아니다.

주위에서 그의 안타까운 처지를 생각하고 여자 하나를 소개해주면 꿈에도 잊혀지지 않는 옛 아내의 아름답던 용모가 떠올라 마음에 차지 않고, 한참이나 젊고 아름다운 여인을 소개하면 믿음이 가지 않고, 무엇보다도 젊은 여자를 얻어 살기가 너무 염치가 없는 것 같아 그도 못하겠단다.

그럴 때마다 하늘가는 길이 하 먼 줄만 알았는데 고운 당신이 그렇게 허무하게 갈 줄은 몰랐다고 방구석에 숨어서 넋두리 하며 고생을 무릎쓰고 혼자 살고 있는 것이다.

그는 산사에 자주 가서 부처님께 새전을 듬뿍 올리고, 세 번 절하고 손바닥을 뒤집어 고두례를 올린다. 그러면서 한이 서린 홀아비 스님의 한이 맺힌 처량한 독경소리를 들으면서 자신의 맺힌 한을 풀어보려고 노력한다고도 한다. 이와 같은 일을 하루이틀도 아니고, 벌써 몇 년째 계속하고 있다.

인간 최대의 행복은 날마다 옆에서 덕담을 해주고, 그 덕담을 그대로 실천에 옮길 수 있는 것이라고들 한다지만 홀아비를 고집하는 박준호에게 먹혀드는 말은 아닌 성 싶다.

홀아비의 외로움이란 성적 굶주림만을 말하는 것이 아니다. 그보다 더 소중한 것이 대화의 상대인 것이다. 그것이 동성보다는 이성간의 상대라야 외로움의 치료 효과가 몇 갑절 효험이 있는 것이다. 그런 줄 알면서 이런저런 이유로 짝을 맞추기가 그리도 어려운 모양이다.

누가 말리랴. 십여 년이나 연하의 달덩이 같이 토실토실한 미인을 데려다 새 삶을 오순도순 살 지혜와 용기가 없어 망설여지고, 또 그런 미인을 데려다 살기가 먼저 간 아내에게 미안하고, 염치가 없어서 못하겠다면 팔자타령이나 하면서 한숨 속에 여생을 외로이 살아갈 수밖에 도리가 없지 않겠나 싶다.

3. 고희 그리고 팔순

며느리를 훔쳐 온 황제

당나라의 제6대 황제는 이런 일 저런 일로 역사에 길이 남은 玄宗 황제다.

그는 즉위하자 초기에는 많은 업적을 남기면서 대당大唐으로 성당시대를 이루었고, 로마제국에 못지 않은 세계 최강국으로 국위를 선양하여 백성들로부터 칭송받았다. 그 존위는 하늘로부터 받았다는 신수천자神授天子 라고 백성들은 일컬었다.

현장玄奘 삼장법사三藏法師가 천축국(인도)에서 17년간 공부하여 650여권의 경전을 가지고 귀국하여 황명을 받들어 알기 쉽게 번역했다. 나라에서는 이 경전을 토대로 불도를 전파했고, 백성들은 부처님의 은덕에 힘입어 사회가 안정되었다. 이렇듯 황제가 선정을 베푸니 현종황제에 대한 백성들의 칭송과 존엄은 말할 나위가 없었다.

그렇게 백성들과 신하들의 존경을 한 몸에 받아오던 성군聖君 현종이 하루는 자기의 열여덟 번째 아들인 수왕壽王궁에 행차했다. 그때에 아들 수왕의 비로서 깊은 규방에 묻혀 있던 22세의 어린 며느리가 황제인 시아버지에게 인사를 여쭙는다. 그 순간 황제의 눈은 뒤집혔다.

황궁에 궁녀도 하 많건만 너무나 아름다운 수왕의 비인 자기의 며느리를 보는 순간 그는 색정을 억제할 수가 없었다. 그 며느리가 눈에 밟혀 잠을 이룰 수도 없었다. 체면을 살필 겨를도, 시아버지로서의 위치도 살피기엔 너무도 황홀했고, 그냥 지나치자니 아까운 생각을 떨칠 수가 없었다.

그래서 그를 데려다가 신궁에 두어 여도사女道士로 만들어버렸다. 그리고 태진太眞이라는 이름을 붙여 신궁에 머물게 한 뒤, 은밀히 침전으로 불러들였다. 황제의 절대적 권위는 염치니 윤리니 하는 것은 애초부터 없었고, 아들 수왕의 분노 따위는 문제도 되지 않았다.

현종은 그래도 부끄러운 것을 약간은 알았던 모양으로 며느리와의 비윤리적 관계를 은폐하고자 5년 동안이나 그대로 신궁에 머물게 한 끝에 황제의 나이 환갑을 맞는 서기 745년에 27세의 어린 양옥환楊玉環을 귀비貴妃로 봉하여 드러내어 궁으로 맞아들이고야 말았다. 아들이 시퍼렇게 살아 있는 자신의 며느리를 훔쳐다가.

현종의 비가 된 귀비 양옥환은 어쩔 수 없는 이 현실을 받아들일 수밖에 없었다. 그러므로 황비에 걸맞는 칠보로 머리를 장식하고, 비단으로 수를 놓은 화려한 옷으로 치장해야 했다. 분단장도 했다.

귀비가 복숭아 같은 붉은 뺨에 보조개를 지으면서 아양스런 미소를 지으면 요염한 한 송이 모란이 아침이슬을 머금은 듯 황홀했고, 눈을 깜박이면 그 속에 빨려들 것만 같았다. 비단수의 하얀 버선발로 사뿐사뿐 걸어오는 그의 몸매는 월궁항아가 푸른 물에 내리는 것 같아 눈이 부실 지경이었다.

이러한 황홀감에 흠뻑 빠진 현종은 그때부터 국정은 아예 제쳐놓고, 환락의 늪에 깊이 빠지기 시작하였다.

장안長安(지금의 서안西安) 황궁皇宮의 동남쪽 주작가朱雀街에 자리한 호화로운 유원지 곡강曲江에 놀러 나온 수많은 백성들의 곱지 않은 눈총쯤은 아랑곳 하지 않고, 현종과 양귀비는 위엄을 갖춘 호위 속에 나란히 덩에 높이 올라 자주 그곳을 행차하여 귀비를 자랑삼아 바람도 쏘일 겸 승경에 취하였다.

그것도 모자라서 현종은 천하절색 양귀비를 위하여 황도 장안의 동쪽에 인접한 여산驪山의 온천지인 화청지에 광대한 전각을 따로 지어 주었다.

60대에 접어든 현종은 서역 혼혈에서나 볼 수 있는 해맑은 절세미인 양귀비에게 홀려 얼이 빠졌다. 토실토실하고 탄력 있는 백설같이 하얀 살결의 젊은 양귀비를 데리고, 매끄럽고 따끈한 온천수에 두 알몸이 얽혀 타는 듯이 뜨거웠다.

섭씨 43도의 따끈한 온천물에 김이 자욱이 서려 한층 더 뽀얘진 양귀비의 녹작지근한 몸매를 황제에게 의지하면 태산처럼 풍만한 가슴을 애무하며 색을 탐닉했다. 귀비와 함께 하는 동안의 현종은 하늘이 처음 열리는 것 같은 기쁨이었고, 그 기쁨이 영원하기를 마음깊이 바랬다. 황제는 이제 사랑스러운 귀비를 아들에게서 훔쳐 온 며느리로 여기지 않았다. 귀비도 시아버지로 여기지 않았다.

이것이 1,200여 년 전 막강한 권력을 지닌 당나라 황제 현종이 염치를 모르고 행한 사랑 이야기다.

사랑과 염치

인간의 감정이야 옛날이나 지금이나 그 근본은 다를 것이 없다. 더욱이 종족 번식을 위한 생리적 성 감정은 인간이 살아있는 동안 영원히 바뀔 수가 없는 것이다. 그런 까닭에 옛날이나 지금이나 이성간의 사랑 감정은 감소되거나 지워질 수 있는 것이 아니다.

막강한 권력을 가진 요즘의 대통령이라고 다를 것이 없다. 프랑스의 올란드대통령도 적절치 못한 사랑에 빠져 물의를 빚었고, 미국의 클린턴대통령도 명성 높은 아내 힐러리의 눈을 피해 바람을 피웠다.

그러나 그들의 사랑은 국정이 흔들리는 그런 사랑은 아니었다. 제 할 일은 하면서 그랬다. 그들의 문제를 굳이 나서서 나무랄 것이 없을 것 같은데도 사회는 떠든다. 간음한 여자를 잡아 온 자들을 향해 예수는 "너희 중에 죄 없는 자가 먼저 돌로 쳐라. -〈요한복음 8장〉" 하니 모두가 가버렸다는 성경 구절이 생각난다.

사랑 감정에 연령 같은 것은 상관할 필요가 없다. 짝 없는 남녀로서 나이 차이가 많다는 것이 시비할 거리가 될 수 없다. 다만 사회적 윤리도덕을 염려하거나 염치를 생각해서 될 수 있으면 억제하려고 할 뿐이지, 남녀가 어느 한 쪽이 힘으로 강제하여 마지못해 다른 한쪽이 응할 수밖에 없는 것이라면 몰라도, 서로 간에 의사가 통하여 사랑하는 감정이 짙어지면 굳이 피할 필요가 없을 것 같다. 그렇다고 건전한 가정에서 부부가 엄연히 함께 살고 있는 사람을 지칭하는 것은 결코 아니다.

인간의 구규九竅(사람의 몸에 달린 아홉 개의 구멍)는 모두 마음에 의지하고 있다지만 구규에서 느껴지는 생리적 본능만은 바뀌는 것이 아니다. 옛날에는 자연에 합치되어 살았고, 지금은 과학에 묻혀 살고 있다. 따라서 옛 사람과 현대인의 사고는 비교가 되지 않을 정도로 현격히 달라져 있지만 근본적 인성이 달라지는 것은 결코 아니다.

그 인성은 인류 최초의 에덴 시대나, 별나라를 여행하는 현 시대나 다를 바가 없다. 생물의 본능을 부자연스럽게 억제하며 살라는 것은 새 한 마리를 홀로 새장에 가두어 놓고 억지로 새소리만을 듣자는 것과 다를 바가 없을 것 같다.

우리나라에 꽤 많이 알려진 명성 높은 어느 화백 한 분이 있었다. 그 분은 나이 70세에 이르러 40년이나 연하인 젊은 제자와 서로 간에 마음을 통하다가 정식으로 결혼했다. 이 일련의 사건을 연일 신문에 게재하고, 텔레비전에서는 이 방송 저 방송 할 것 없이 경쟁적으로 취재 보도하였다.

이 사실을 놓고 혹자는 윤리도덕상 보기가 좋지 못하다 했고, 다른 어떤 이는 무슨 상관이냐 서로가 진실로 사랑한다면 오히려 찬사를 보내고 싶다 했다. 찬사를 보내고 싶다는 사람은 솔직한 사람일 것 같고, 비판하는 사람은 어쩌면 속마음에는 부러움이 어느 정도 내재되어 있었을 것 같고, 자기의 마음을 속이고 있지 않았을까 하는 생각도 든다.

한 십여 년 전인가 중국에서 50대 여성이 스무 살짜리 청년을 사랑하여 결혼한 적이 있었다. 텔레비전에 해외토픽으로 사진과 함께 방영되어 화제가 되었다. 여자가 30년이나 연상인 경우가 극히 드물기 때문일 것이다.

이와 같이 심한 연령 차이의 사랑을 정상적이라 하기는 어렵겠지만, 그것 역시 무슨 상관인가. 남이야 손가락질 하거나 말거나 그들끼리 사랑하여 그렇게 살겠다는데 누가 시비할 것이며, 누가 미친 짓이라고 욕을 하겠는가. 그들의 장래를 지레 걱정할 필요도 없다. 그들끼리 한 오백 년 살자는데 웬 성화냐 그것이다.

그러나 현종황제의 경우는 다르다. 중국은 당시 세계의 패권을 쥐고 있는 세계의 중심 국가로서 수많은 백성을 다스려야 하는 막강한 책임을 지고 있는 황제로서 국정을 문란하게 해서는 아니 될 통치자라는 점을 잊어서는 안되었다. 그렇기 때문에 사랑을 하되 국가정사는 올바르게 보았어야 했다.

그랬건만 현종은 한 술 더 떠서 아름다운 자기의 젊은 여인을 염치를 잃고, 신하들에게 자랑이라도 하듯이 문무백관을 거느리고 궁 밖 교외의 화청궁에 거동하여 그들과도 함께 이 호화스런 전각에서 환락에 빠졌다는 것은 미쳐도 보통 미친 것이 아니다.

청아하게 울려 퍼지는 음악 속에 아랍인들의 특별 요리라는 낙타의

족탕을 비롯해서 서리 맞은 유자와 향기로운 귤 등 온갖 진귀한 선과 진채仙果珍菜를 차려놓고 즐기면서 나라에 별 일이야 있으랴 하며 국정은 남의 일처럼 아예 잊고 있었다.

이와 같이 화청궁의 붉은 대문 안에서는 따끈한 온천수에 궁중 음악소리와 함께 술과 고기 냄새가 바람을 타고 담장 밖으로 퍼져 진동하였다. 그럴 즈음 화청궁의 담장 밖 길가에는 굶주림에 기진하여 얼어 죽은 백성들의 시체가 뒹굴고 있었다.

위정자의 극치의 호화향락과 영화는 도를 넘는 한편, 서민들의 괴로움이 판이하게 다르다보니 백성들의 황실을 향한 지난 날의 칭송은 간데없고, 원망하는 소리와 슬프고 실망하는 심정이 도를 넘었다.

황실이 그러하다보니 국사를 소홀히 하여 통치기구는 해이해지고, 벼슬아치들은 백성을 수탈하게 되었다. 백성들은 굶주림에 시달리는 망국의 지경에까지 이르게 되었음은 당연지사다.

절대 권력과 도를 넘는 향락은 절대 부패한다는 진부한 진리를 사랑에 깊이 빠진 현종황제는 미처 생각할 여유가 없었던 것이다.

비익조와 연리지

안녹산安祿山은 황제에 대한 충성을 빌미로 황궁에 자주 들락거리며 양귀비를 접촉했다. 울타리가 허니까 이웃집 개가 드나든다는 말이 있듯이 황제의 눈을 피해 양귀비에게 우람한 남성미를 드러냈다. 그리하여 양귀비의 마음을 흔들어 음탕한 속내를 드러내어 그의 침실을 기웃거렸다. 이 삼각관계를 눈치 채지 못한 멍청한 황제는 안녹산을 충성스런 신하라 총애하고 있었다.

황제 현종의 실정失政을 틈타 안녹산은 농민봉기를 들쑤셔 부추겨서 범양范陽, 곧 지금의 베이징에서 15만 병력으로 거병하여 서쪽을 향해 낙양洛陽을 점거하고, 그 사품에 일사천리로 서쪽으로 다시 황도 장안長安을 공략했다.

안녹산의 공격으로 위급에 처한 현종황제와 황실가족은 결국 촉蜀땅까지 파천하기로 정하고 초여름의 비 내리는 새벽에 초라하게 탈출하여 난거鑾車를 도망하여야하는 비참한 처지가 되고 말았다. 현종과 양귀비는 그처럼 누리고 있었던 쾌락이 오늘날에 흘릴 피눈물이 될 줄이야 어찌 짐작이나 하였겠는가.

황제 일행이 장안을 빠져나와 서남쪽으로 백여 리에 위치한 마외파馬嵬坡에 이르렀다. 그때에 황제의 난거를 호위하던 근위군사를 비롯한 휘하 전군은 행진을 멈추고, 양귀비를 처단하라 연호하며 황제를 압박했다.

천하를 호령하던 황제였건만 도망 길에 있는 황제로서는 존엄과 위력을 내세울 형편이 못 되어 목숨보다 아까운 자기의 여인을 눈물 속에 군사들에게 내어줄 수밖에 없었다. 귀비 양옥환은 결국 분노한 군사들에게 내맡겨지게 되었고, 그들은 양귀비를 길가의 작은 사당 뜰 안 배나무에 목을 달았다.

현종황제와 귀비 양옥환은 16년 동안이나 세상에 유래가 드문 깊은 사랑에 빠졌다가 충성스런 그의 군사들에 의해 부득이 사별해야만 했다. 오장육부를 찢어내는 아픔의 처절한 현실에 죽은 양귀비의 피와 현종의 피눈물이 서로 엉키어 마구 흘러내렸다.

이것이 현종의 나이 71세에, 양귀비가 38세 때의 서기 756년 6월 13일, 궂은 비가 내리던 날 촉 땅으로의 피난길 마외파에서 생긴 비극의 한 장이었다.

안녹산이 아들에게 죽임을 당함으로써 반란이 진압되어 현종은 환궁하였으나 신하들에게 면목이 없었을 뿐 아니라 무엇보다도 귀비의 죽음으로 실의에 빠져 보위에서 물러났다. 그리고 넋 잃은 사람처럼 불면 꺼질 듯 흐릿한 정신으로 외로운 나날을 보내고 있었다.

현종은 한 줄기 빛도 향기도 없이 무력한 상태로 한숨으로 꺼져 내려 땅에 묻히는 것처럼 서궁西宮에 그렇게 머물고 있었다. 모든 영혼이 쉬는 깊은 밤에도 서궁 난간에 없는 듯이 앉아 바다같이 짜디짠 피 섞인 눈물을 삼키고 있었다. 세상이 너무나 쓰리고 서러워 피맺히는 두견이를 따라 한숨 쉬기도 그 몇천, 몇만 번이었던가.

현종은 과거와 현재의 사이에 세워진 담장이 이다지 높을 줄을 미처 몰랐다. 그는 지난 날을 떠올리면서 길게 한숨만 내쉴 뿐이었다.

칠월칠석날 깊은 밤에 화청궁 장생전長生殿에서 아무도 모르게 맹서했던 부부의 언약을 자주 떠올리곤 했다. 극진하게 사랑했던 그들은 두 사람의 사랑이 영원할 줄 알고, 비익조比翼鳥가 되고, 연리지連理枝가 되어 언제까지나 살자고 맹서했던 것이다.

비익조는 전설 상의 새로서 암수의 날개가 각기 하나뿐이어서 둘이 함께 날지 않으면 날 수 없는 새요, 연리지는 두 그루의 나무에서 가지가 각기 달리 나와 엉겨 붙어 하나가 된 나무로서 영원히 함께 할 수밖에 없는 운명의 나무다. 이와 같이 영원하고자 맹서했건만 아무것도 소용없는 넋두리가 되고 말았다.

무거운 우수憂愁가 이 가련한 노인을 사로잡고 놓지 않아 기혈이 모손하고 정신이 아득하여 운무 중 사람같이 허했다.

이렇듯 현종은 우수의 늘그막 6년을 애틋하게 사랑했던 귀비 옥환만을 애오라지 그리면서 시드럭시드럭 지내다가 서기 762년, 77세의 나이로 귀비를 따라 황천에 올랐으니 황제이기에 앞서 인간으로서 한 노인의 최후를 어찌 가련하고 불쌍타 아니할 수가 있으리오.

현종과 양귀비의 비운의 사랑을 읊은 백거이白居易의 장한가長恨歌는 120행이나 되는 장행시다. 그중에서 마지막 8행만을 아래에 음미해 본다.

113. **臨別殷勤重寄詞** 임별은근중기사
114. **詞中有誓兩心知** 사중유서양심지
115. **七月七日長生殿** 칠월칠일장생전
116. **夜半無人私語時** 야반무인사어시
117. **在天願作比翼鳥** 재천원작비익조
118. **在地願爲連理枝** 재지원위연리지
119. **天長地久有時盡** 천장지구유시진
120. **此恨綿綿無絕期** 차한면면무절기

이별할 무렵 간곡히 말을 전하니
말 속에 둘만이 알 마음의 맹서
칠월칠일 장생전에서
깊은 밤 아무도 모르게 주고받은 그 말

하늘에선 비익조가 되고
땅에서는 연리지가 되자고
높은 하늘 넓은 땅도 다할 때가 있으련만
두 사람의 서러운 한은 끝이 없었다.

칠순에 받은 수연주壽宴酒

옛날 우리나라에서는 나이 육십이면 아주 찢어지게 한미한 사람이라 하더라도 가족끼리 당시의 별식이던 국수 한 끼 정도는 함께 먹었고, 그렇지 않은 사람이라면 신분의 고하를 막론하고 떠들썩하게 환갑잔치를 차렸다.

웬만한 집에서는 기생을 불렀다. 기생 한 사람은 북을 치며 노래를 부르고, 다른 한 사람은 장구를 메고 나풀나풀 춤을 추며 장내를 휩쓸고 돌아다닌다. 사람들은 그녀에게 다가가 붉은 장구 줄에 지전紙錢을 길게 접어서 끼어준다. 짓궂은 사람은 춤추는 그녀의 여민 저고리 옷깃을 헤쳐 따뜻한 앙가슴 속에 돈을 넣고 희죽거리면서 함께 춤을 추기도 하고, 노래도 불렀다. 이렇게 진탕 놀면서 술과 인주가 끊이지 않았다.

나이 칠십에 이르면 고희라 하여 자식들이 모여 부모의 칠순잔치를 환갑 때보다 더욱 성대하게 열었다. 축하객으로 온 어른들은 그의 자손들에게 "자네들은 효도를 극진히 해서 부모로 하여금 칠십에 이르도록 장수를 누리게 했다."고 등을 두드리며 칭찬과 격려를 보냈다.

내가 환갑이 되었을 때 즈음에도 회갑잔치는 일반적으로 성행했었다. 그러나 나는 겸연쩍은 생각이 들어서 건너뛰었다. 그러다가 나이 칠십이 되자 이제 살만큼 살았으니 얼마 되지 않아 금방 죽을 것만 같은 생각이 들었다. 그 당시의 남자의 평균수명이 73세였던가? 그렇게 생각된다. 그래서 자식들이 앞장서서 고희연은 오히려 짝지게 치렀다. 옥반가효만인혈玉盤佳肴萬人血이라 하였는데 자식들의 허리가 휘청하도록 너무 호화판이었다.

자식들은 물론이거니와 친지들이 진정 축복하는 마음을 얼굴에 화사하게 내보이며 잔치자리에 다 와주었다. 내가 사는 마을사람들도 많이 참여했고, 다른 외빈들도, 또한 서울과 양평의 서예제자들도 꾀나 많이 모여 큰 예식장 홀에 가득 찼다.

손자들의 꼬물꼬물한 작은 손으로 받혀 올리는 수연 주를 즐거운 웃음을 입가에 띠며 그 행복을 거듭거듭 받아 마셨다.

진정 마음속에 순수함만 간직한 손자들의 맑은 웃음과, 오직 할아버지, 할머니의 소중함만을 생각하고 오래오래 살아 함께 놀아주기를 진실로 염원하던 손자들이다. 이 손자들이 무릎 꿇고 그 작은 손으로 따라 주는 훈감한 자하주紫霞酒의 향긋하고 맑은 마음을 함께 마시는 행복은 이 잔치에 단연 으뜸인 듯싶었다.

하객으로 온 서예제자들의 축복에도 잔을 받았다. 더욱이 같이 늙어가는 친구 같은 제제들이 무릎 꿇어 올리는 잔까지 받으며 유별난 덕담까지도 함께 받았다.

세 딸들은 장미 같은 얼굴에, 방울 굴리는 소리로 함박웃음을 뿌리고, 사위는 장인을 업고 희희낙락하며 장내를 돈다. 이에 맞춰 하객들은 모두 나와 덩실덩실 춤을 춘다. 취기가 몽롱한 몸을 자식들에게 의지하면서도 즐겁기 한이 없었다.

퇴기로서 마지막 정렬을 불태우는 두 기생의 장구와 노래는 하객들이 간헐적으로 던져주는 돈 만큼 계속 이어졌다.

이렇게 시끌시끌하던 파티가 끝이 나고, 그 다음 날이 되자 허전한 마음이 엄습한다. 인생 칠십 고래희라 했는데 이제 고희연도 치렀고, 평균수명도 다가왔으니 나의 인생살이는 끝장인가 보다 하는 생각이 꼬리를 문다. 세상에 남겨놓을 만한 일이라고는 아무 것도 없이 칠십을 살았다. 그 칠십년을 나는 헛살았다. 짐승처럼 배가 고프면 먹고, 졸리면 자는 그런 삶을 그저 목숨만 부지하며 살아왔다. 세상에 태어나 짐승처럼 살다가 갈 바에는 무엇 때문에 태어났단 말인가?

이런 생각을 하다가 인생은 배움의 연속이라 아니할 수가 없으니 앞으로 사는 날까지 만이라도 부족한 것을 배우면서 내면을 채우고, 다른 한편으로는 한 가지씩 비워나가는 생을 살자. 그러면서 사회를 위하여 이바지가 되고, 남은 생을 좀 더 옹골차게 살아야 하겠다고 그렇게 깨닫게 되었다.

이와 같은 생각으로 바쁘게 지내다보니 어느 사이에 장수시대에 들어섰고, 인정사정없이 밀어닥치는 세월이 어언 팔십 중반에 이르러 구십 줄에 들게 되었다.

나의 가까운 친구들도 나와 같은 경로를 겪고 있다.

두보杜甫의 인생칠십고래희人生七十古來稀

고희라는 말이 무엇을 뜻하는 말인지를 알고 있지만 그 말의 출처를 알지 못하는 사람이 더 많다.

고희는 인생 칠십 고래희에서 따온 것으로서 당나라의 시성 두보杜甫(두자미杜子美)가 읊은 곡강曲江이라는 시에 등장한 시어중의 한 구절이다.

고희에 관하여 시로 읊은 당나라의 시성詩聖 두보는 현종 말년에 황제에게 잠시 쓰임 받아 미관말직에 출사한 바 있었다. 그러나 두보는 그 벼슬자리마저도 지닐 수가 없었다.

안녹산의 난으로 마비된 조정에 관료들은 황제를 따라 파천길에 함께 하던가, 혹은 약삭빠르게 자기 가족을 데리고 피난하던가 하였다. 그런데 미처 도성을 빠져나가지 못한 일부 관료들은 전전긍긍하다가 장안의 안녹산 군진에 사로잡혀 연금되었다.

두보도 뿔뿔이 흩어져 방황하던 군중 속에서 적진 중에 억류되는 신세가 되었다. 그는 비애와 절망 속에 갇혀 있다가 마침내 탈출은 하였으나 마땅히 갈 곳을 찾지 못하여 사방팔방으로 방랑하는 신세가 되었다. 불혹의 사십대에 안정을 찾지 못한 두보는 가족도 잊은 채 혹독한 시련을 겪게 된다.

그 와중에서도 두보는 자신의 처지를 생각지도 않고, 우국연민에 바탕한 시를 무수히 지었다. 마치 자신의 혼을 구하기 위해 빈 껍질만 남은 육체를 멱라수汨羅水에 던져버린 굴원屈原이 그리했듯이.

전국시대 초나라의 충신 굴원은 임금에게 버림받아 세상을 떠돌면서도 자기를 버린 임금을 위해 시로서 자신의 충성을 피력하다가 66세의 나이로 멱라수에 몸을 던졌다.

굴원屈原의 숱한 시 가운데 우수憂愁를 뜻하는 이소離騷라는 제목의 시가 있다. 이 시는 무려 374행의 유래 드문 장편 시로서 오로지 간신들에게 둘러싸여 악정을 행하는 자신의 왕을 걱정하여 성군으로 인도하리라는 우국상민憂國傷民의 마음과, 혼탁한 세속을 미워하는 내용의 시로 굴원의 대표적인 시이다. 이와 같이 굴원의 시혼은 뼈아픈 생애에서도 오직 우국憂國을 주제로 읊고 있다. 그러한 까닭에 굴원을 우국시인으로 높이 사고 있는 것이다.

두보는 굴원과 다소의 차이는 있으되 나라를 걱정하는 심정과 남을 동정하는 인정은 유사했다. 그러한 두보였기에 국란으로 도성을 버리고 쫓겨 가다가 비참하게 죽어야 했던 양귀비를 위해서도 시를 남겼던 것이다.

백성들은 양귀비를 하나같이 미워하고 저주했건만 두보는 자신의 가슴속 깊이 파고드는 고적감 속에서도 그는 '애강두' 라는 시를 지어 오히려 양귀비를 슬퍼했던 정이 깊은 시인이기도 했다.

哀江頭 애강두

− 전략 −

明眸皓齒今安在 명모호치금안재
血汚遊魂歸不得 혈오유혼귀부득
淸渭東流劍閣深 청위동류검각심
去住彼此無消息 거주피차무소식

− 후략 −

고운 눈 하얀 이의 그 미인 지금은 어디에
피로 물든 넋은 오고파도 못 오네
동류하는 위수 맑고, 검각산 깊어서
저승 가신 님은 피차 소식 없구나.

※ 渭水 − 강태공이 곧은 낚시 하던 강으로 장안분지에 인접함.
劍閣山 − 촉으로 가는 길목의 험산

그는 이백과 더불어 시를 짓기 위해 세상에 태어난 시성詩聖이었다. 그는 안녹산의 난으로 쫓기는 백성들의 처절한 통곡과, 시달림과, 지친 병사들의 쓰라린 가슴과 애처로운 눈물을 눈으로 보고, 몸으로 겪은 그대로를 시로 옮겼다.

두보는 50대에 들어 더욱 기구했다. 그는 발경鉢耕(사발농사, 즉 거지)을 하면서 사람들로부터 가진 곤욕과 구박을 사면서도 시를 지었다. 그러면서 시대에 처한 그의 견디기 어려운 고독과 쓸쓸함과 구차스런 발자취들을 천하에 시로서 남겼다. 이러한 배경이 있었기에 애절하고 참담한 가운데 현실에서 해탈 승화되는 시정詩情으로 시름을 삭힐 수가 있었던 것이다.

그는 오늘 보낸 하루는 내일 다시 오지 않는다는 진리를 알았기에 오늘은 오늘의 시를 지었고, 빨갛게 타는 저녁노을에 시 한 수를 읊었다. 그는 잎사귀를 말리는 가을바람이 소슬히 불어 닥치는 것 같은 적막함에 시를 지었고, 추운 날 얼음 섞인 위수渭水 물에 찬바람이 스쳐도 시를 읊어야 했다.

두보는 곡강 시에 읊었듯이 쌓이고 쌓인 외상값 때문에 외상술도 더는 얻어 마실 수 없게 되자, 허름한 자기 옷이라도 잡히고 술을 퍼마실 수밖에 없었다. 그렇게 마시는 술은 때로는 세상의 광약狂藥으로 마셨고, 때로는 선계의 옥로주玉露酒로 마셨다. 그 술이 시구에 읊은 고희와 무관하지 않았다.

하긴 쌍쌍이 춤추는 호랑나비도, 하늘을 나는 잠자리도 그들 나름대로 즐기는 판에 아니 마시고 어찌 견딜 수가 있었으랴. 사람이 살아봤자 칠십 년을 살기도 어려운 터에.

그러니까 옷을 잡히고서라도 눈물과 한숨을 술에 타 마시며 시름을 삭힌 두보인 것이다. 그런 점에서는 시성 이백도, 우리 전 시대의 김삿갓도 같은 처지의 사발농사로 하루하루를 방랑하는 시인으로 살았던 것이다.

曲江 곡강

朝回日日典春衣	조회일일전춘의
每日江頭盡醉歸	매일강두진취귀
酒債尋常行處有	주채심상행처유
人生七十古來稀	인생칠십고래희
穿花蛺蝶深深見	천화협접심심견
點水蜻蜓款款飛	점수청정관관비
傳語風光共流轉	전어풍광공류전
暫時相賞莫相違	잠시상상막상위

아침나절 돌고 올젠 나날이 봄옷을 전당 잡혀
매일매일 곡강 가에 진탕 취해 돌아온다
외상 술값이야 가는 곳마다 투성이라
인생에서 칠십 살기 예부터 드물다는데

꽃을 찾는 나비는 훨훨 갔다 또 오고
물을 찾는 잠자리는 위아래로 날고 난다
전언에 봄 경치야 돌고 돈다하니
잠시나마 봄놀이를 어기지 말자코나.

위에 읊은 시에는 인생칠십고래희人生七十古來稀라 하여 인생에서 칠십까지 사는 사람이 드무니 인생은 너무나도 짧다는 뜻을 은연중에 나타내고 있다. 이런 구절을 시에 끼어놓고, 지금 처해있는 형편이야 어쩔 수 없이 그렇다 하더라도 짧은 세월 술이라도 실컷 마셔가며 취할 수 있는데 까지 취해보자고 하였다. 이렇듯 스스로를 미물보다 못한 인생이라 자학하면서도 그런대로 봄도 즐기며, 지금의 고된 생을 잠시나마 잊어보자는 그가 처한 비애를 읊었다.

옛날에는 사람이 일생을 살아가면서 병에 노출되고, 각종 사고에 희생되기도 하고, 전장에 강제로 끌려가고 하여 하늘이 준 생명을 제대로 지니기가 퍽이나 어려웠다. 그래서 칠십까지 산다면 천복을 받은 것으로 여겼다.

전란으로 어수선한 상황 속에서도 봄은 절로 다가왔다. 두보는 봄을 바라보면서 말할 수 없는 고독의 나날을 보내고 있었다. 곡강에 흐드러지게 핀 꽃을 보면서도 애절한 마음은 영혼처럼 울었다. 그 외로움 속에 고향의 부모 형제가 애타게 그리웠다. 또한 자신의 초라하게 늙어가는 모습을 슬퍼하며 한탄하였다.

이러한 제반 상황을 눈물을 삼키면서 시로 읊었다.

이때 두보의 나이 겨우 사십 중반이었다. 두보가 자신의 시 '곡강'에서 말한 고희는 미처 생각지 아니하고, 사십 중반에 처한 자신의 늙어감을 한탄하였다. 무거운 수심에 짓눌려 오늘도 어제처럼 그 어제처럼 외로운 가슴 속은 초로의 노인으로 초췌하고, 쇠약해졌던 것이다.

우리가 6·25 전쟁을 겪고 있을 때 모든 국민이 헐벗고, 굶주리고 있었다. 사람들 모두가 춥고 배고팠고, 몸은 마르고 쇠약하여 병이 잦았다. 적병을 만나면 총에 맞아야 했고, 나와의 생각이 다르면 낫이나 삽에 찔려 죽어야 했다. 이것이 전쟁의 참혹함이다. 이렇게 죽고, 저렇게 죽고 하여 아비 없는 자식이 늘고, 청상과부는 헤아릴 수 없이 늘어만 갔다.

아비 없는 아이들은 껌팔이와 구두닦이로 연명했고, 청상과부는 매춘을 업으로 삼았다. 이와 같은 상황에서 칠십을 산다는 것이 그리 쉬운 일이 아니었을 것이다.

이런 점을 볼 때 지금과 달리 그때만 하더라도 인생 칠십 고래 희라는 말이 그대로 들어맞는 말이었던 것 같다.

죽음은 육체로부터의 해방이라 했던가? 두보는 자신의 시에 인생 칠십 고래희라 그렇게 읊었기에 고래희라고 한 칠십은 바라보지도 못하고 서기 770년 주옥같은 시를 숱하게 세상에 남기고, 결국 59세의 나이로 고된 생애를 마감하여 한 많은 세상을 하직하고 말았다.

인생칠십고래희人生七十古來稀라고 두보가 읊은 시구詩句가 지금 우리 사회의 노년과는 너무나도 일치하지 않는다. 그 시구에 한 30년을 더 보태어 '인생일백고래희人生一百古來稀'라고 고쳐보면 어떨까?

지난 그 옛날의 두보시대의 생애와 요즘의 인생살이가 이처럼 상상하기조차 하기 어려울 정도로 일치하지 않기에 두보의 그 시구는 옛날에 있었던 골동품 정도로 치부하고, 당시 두보의 생애를 두루 살펴보았다.

노학자老學者의 경작일지

연암은 전자공학을 전공한 교수로 수많은 탁출한 제자를 배출하며 한평생을 바친 석학이다. 연암은 아들, 며느리까지도 같은 계열의 박사로서 한 집안에 박사가 셋인 세상에 부러울 것 없는 유복한 가정을 가진 신용진 박사다.

수십 년 전에 후미진 두메산골에 버리다시피 한 황무지를 푼돈에 사 놓고 잊어버린 채 한 세월을 지내다가 교수생활을 정년으로 마치고 그곳에 조촐한 농막별장을 지었다. 그리고 언덕 밑에 정자까지 세웠다. 정자 밑에 한 이백여 평 정도의 밭을 갈고 농사일에 몰두하고 있다.

무슨 농사를 얼마나 짓는다고 경작일지까지 그럴듯하게 적어가며 벌써 5년이 넘도록 매일매일을 채마밭에 매달린다. 성실치 못한 것을 누구보다 싫어하는 연암이기에 적은 농사일임에도 충실하고 적극적이고, 열성적이다.

금은보화를 많이 가졌다고 마음까지 부자더냐. 남새밭에서 가멸차게 소출되는 하찮은 농작물에 그의 마음은 흡족하다. 고추밭에 검붉은 고추가 주렁주렁 매달리고, 콩밭에 서리태가 여물어간다. 수백 번도 더 손이 간 소중한 소출을 손수 따서 자식들에게, 또는 친지들에게 나누어주는 재미는 돈을 만지는 재미보다 갑절이나 즐겁다는 것을 겪어보지 못한 사람은 알 수가 없을 것이다.

앉은 자리가
꽃자리니라
네가 시방
가시방석처럼 여기는
너의 앉은 그 자리가
바로 꽃자리니라.

하고 읊은 구상 선생의 꽃자리라는 시를 음미하면서 재미있는 농사일에 아픈 허리를 젖혀 펴가며 그 텃밭을 꽃자리로 여긴다.

깊은 골짝이라 서덜을 넘나들며 흘러내리는 개울물 소리가 듣기 좋은 음악으로 졸졸거리고, 계절 따라 산새들도 목소리를 달리하여 우짖는 자연 속에, 흙에다 근심걱정 흩뿌리며 남새 잎의 벌레 잡고 물을 뿌린다.

옛날에는 재灰를 버리는 자는 매가 30대요, 똥을 버리는 자는 매가 50대라고 하였다. 그만큼 천연비료를 아꼈다는 뜻이다. 화학비료가 몸에 해롭다면서 천연비료를 연구 개발하여 어린 자식에게 밥을 먹이듯이 작물과 대화하며 뿌려준다. 농작물도 제게 주는 사랑을 받아들일 줄 안다는 연암이.

일을 할 때면 살갗이 새까맣게 그을어 꼴이 초췌하여 보는 사람으로 하여금 자칫 푸대접을 받을 수도 있겠으나 세속의 욕심을 다 버리고 마음은 넉넉하여 지금 당장 장관자리 하나를 준대도 사양할 것만 같은 편안함에 만족한다.

이러한 자연 속에서 삼림욕으로 피톤치드에 젖어있고, 햇볕으로 기氣를 받아 건강을 유지한다. 밭에서 흙냄새로 강장효과를 얻고, 적당한 노동으로 신체를 단련한다. 낡은 수도관처럼 막혔던 혈관이 뻥 뚫려 혈색이 좋아졌다.

도심 속의 오지에 갇혀 사는 독거노인처럼 숨막히게 살아오던 지난날의 초조와 번뇌를 해탈하고 마음이 차분하고 넉넉한 풍모로 세월의 여운을 간직하며 세속의 어지러움에 무관심해졌다.

학을 신선 같은 새라는 뜻으로 선금仙禽이라고 한다. 학은 욕심이 없어 천 년을 산다고 옛 사람들은 일러 왔다. 그래서인지 80세인 그의 건강상태는 60세를 부럽지 않게 최상을 유지하고 있어 병원 문턱을 넘어보는 일이 극히 드물다.

가을볕이 따가워 잠시 별장 문을 들어서면 티끌 하나 없이 맑은 창에 정원수에 빨갛게 물든 단풍이 한 폭의 그림이 되어 가을바람에 흔들리고, 그 사이로 산새는 떼를 지어 오고 간다. 특별히 공작새나 파랑새가 아니어도 더 좋을 것이 없을 이러한 그림은 계절을 가리지 않고 가지가지로 변하며 다른 풍경으로 바꾸어 그려진다.

5월을 전후해서는 둘레의 우거진 신록 속에서 노오란 꾀꼬리가 조수미 같은 청아한 목소리로 산골짝을 메아리로 메운다. 밤이 깊어지면 큰 별 하나가 지금 막 떨어져서 조상 가는 소쩍새가 깊은 골을 치쳐 올라가며 더욱 구슬피 운다. 이러한 주변의 모든 것을 욕망 없이 귀에 담고, 바라보며 그것을 축복이라 여기면서 그렇게 자연 속에 하나로 동화되어 세월 가는대로 그도 함께 팔순을 흘러간다.

도연명의 귀거래사, 그 마지막 구절이 떠오른다.

歸去來辭 귀거래사

– 전략 –

富貴非吾願 부귀비오원
帝鄕不可期 제향불가기
懷良辰以孤往 회양신이고왕
或植杖而耘耔 혹식장이운자
登東皐以舒嘯 등동고이서소
臨淸流而賦詩 임청류이부시
聊乘化以歸盡 료승화이귀진
樂夫天命復奚疑 낙부천명부해의

재물도 권세도 나의 소원이 아니며
영원한 선경 역시 기대하지 않는다
다만 좋은 시절을 생각하여
나 홀로 지팡이를 밭에 꽂고 김을 메기도 하고
혹은 흙을 북돋아 주기도 한다

또 동쪽 언덕에 올라 천천히 휘파람 불고
맑은 시냇가에서 시 짓고 노래 부른다
이와 같이 하여 그저 자연의 변화에 맡겨두면서
끝내는 목숨이 다하여 이 세상을 하직하련다
저 하늘이 명한 바 마땅히 해야 할 것을 즐길 것이지
어찌 거기에 의심인들 있으리.

연암의 조촐한 팔순잔치

유유자적하는 연암이 팔순을 맞이하여 그의 별장에서 조촐한 연회를 베풀었다.

연암에게는 아들 하나, 딸 둘이 있다. 그들은 지혜도 높고, 재주도 남다르다. 대문을 들어서자 마주 보이는 하얀 벽면을 색종이로 장식하고, 그 가운데에 "젬마의 집"이라 미술가처럼 예쁘게 써 붙여 놓았다. 젬마는 연암 처의 세례명이다. 그는 독실한 천주교 신자로서 일찍이 세례명을 받았다. 그 세례명을 그의 자식들이 오늘만은 우리 어머니 아버지에게 하나님의 선택받은 자식으로서의 축복을 특별히 더 많이 내려주십사 하고 기원하는 갸륵한 뜻을 담아 붙여 놓았다.

창을 끼고 돌아 현관 앞에 이르면 정원 텃밭을 향해 넓은 툇마루를 깔아 만든 베란다가 있다. 거기에 팔순 잔칫상이 차려져 있다.

연암의 처 젬마는 요리의 달인이라서 진설해 놓은 음식이 하나같이 맛이 좋고 특별하다. 그의 두 딸도 어머니를 닮아서 요리 솜씨가 여간

이 아니다. 맞이한 박사며느리까지도 음식솜씨 만큼은 시어머니의 솜씨를 이어 받아 집안 모두가 어느 호텔의 주방장급이다.

음식이 맛만 좋은 것이 아니다. 진설해 놓은 상이 색색으로 알롱알롱 무늬지어 같은 음식에도 색감에서 돋는 미각은 배로 식욕을 돋운다. 차려놓은 음식을 입에는 혀로 먹고, 눈으로는 현혹되어 홀림으로 먹고, 코로는 향기에 취해 먹게 한다.

음식만 특색이 있는 것이 아니다. 음식을 담은 그릇도, 술병도 조촐한 가운데 다 특색이 있고, 멋스럽다. 그렇다고 비싼 것은 하나도 없는데 그렇다. 이것이 박사가정의 재치고, 지혜인가 보다.

마치 숲이 우거진 청수장淸水莊의 별채에서 청옥상靑玉床에 앉아 진수성찬을 먹고, 백옥白玉잔에 옥로玉露 받은 신선주神仙酒를 받아 마시는 것 같은 착각을 일으키게 한다.

텃밭에 내려가서 연암은 자기가 애써 가꾼 농작물을 손수 따가지고 와서 "하늘나라에서 직수입한 것으로 알고 먹으라"며 형제들에게 나누어 준다. 주는 즐거움, 받는 뿌듯함이 서로 교감이 되어 즐겁고, 행복감은 두 배로, 세 배로 증폭된다.

연암의 이 별장에는 번화한 도시에서 사는 사람들에게는 느낄 수 없는 별의별 일이 많이도 생긴다.

단풍으로 얼룩진 둘레산 위로 엷은 구름이 느리게 넘어가는 가을하늘을 바라보며 앞개울의 서덜 사이로 넘나들며 흐르는 맑은 시냇물을 굽어본다. 엎드려서 입을 대고 빨아 마시고 싶은 충동이 이는 계곡에 작은 물고기가 꼬리를 치며 노니는 한가함 속에 밭을 일구었다. 밭이라야 반 마지기도 채 안 되는데 새를 쫓기 위해 카세트 판을 실끈에 줄

줄이 매달아 바람에 흔들리게 해놓았다. 카세트 판이 바람에 흔들리며 반짝반짝 빛을 발하면 새들은 눈이 부셔 접근하지 못한다. 그런 것조차도 과학적 머리가 작동하는 모양이다.

또한 정원수 하나하나에 기념식수한 각자의 이름을 쓴 표지쪽지를 매달아 놓고, 심은 사람의 관심을 북돋게 하여 스스로 돌보도록 배려하기도 한다.

그런가하면 김장 무를 심은 밭 아래쪽에 개 무덤이 하나 있다. 나무 밑에 수목장한 무덤이다. 손자아이들이 정을 들여 기르던 개, 까미가 죽었다. 아이들은 슬픔을 이기지 못하면서 개들만의 전용 화장장에 가서 화장했단다. 그 잔골을 수습하여 애통하면서 단풍나무 그루 아래에 묻고, 오지그릇을 덮었다. 그리고 까미의 비석까지 써서 세웠다. 그야말로 개의 호상好喪이다. 이렇게 진지하고도 우스꽝스러운 일들이 연암의 별장이기에 이루어지고 있다.

탐욕은 끝을 헤아릴 수 없다는데 아무리 탐욕스런 세상이라 할지라도 이 골짝에 들어서기만 하면 누구나 탐욕은 사라지고 태어날 때의 순수하고 천진한 본래의 모습으로 되돌아올 것만 같다.

구름 한 점 없는 가을 밤, 나무 사이로 비치는 맑은 하늘엔 깜박거리는 별도 많다. 그 별만큼이나 마음 속 깊이 서리어 있던 지난 날의 욕망과 시름과 번뇌도 많았을 것이다. 그러한 번뇌에서 연암은 이미 해탈했다. 이러한 청한淸閑에 묻혀 부귀공명을 뜬 구름이었노라고 물외에 던져버린지 한참은 되었다.

이와 같이 풍류를 함축한 초탈한 눈으로 지난 날의 인생을 더듬더듬 관조해보는 신선 같은 연암이 그저 존경스럽다.

고귀한 품격을 지닌 사람은 주변 사람도 그 향기에 물이 들어 격이 높아진다. 그 품격에 동화되기 때문이다. 연암의 별장 주변이 다 그렇다.

우리나라에 노인이 600만 명이나 있다. 연일 방영되는 뉴스에는 노인들의 애상이 하도 많다. 세상에는 괴로움도 많고, 즐거움도 많다. 그 많은 즐거움도 제 마음과 합치되어야 기쁨이 되는 법이다. 애써 즐거움을 찾아 나서지 않아도 괴로움만 버릴 줄 알면 즐거움은 저절로 생긴다는 것을 사람들이 잘 모르는 것 같다.

세상에는 외롭고 고단한 노인도 하 많지만, 반대로 잘 나가는 노인도 많이 있다. 사회적으로 잘 나간다고 세간에 알려진 사람도 집에 들어서기가 무섭게 외로움을 타는 노인이 이외로 많다. 남들 보기에는 돈도 어지간히 있어 남에게 밥도, 술도 잘 사고, 제법 젠체하고는 있지만 딱히 할 수 있는 일이 없기 때문이다. 하는 일이 없으니 하루가 무료하고, 무료하다보니 그 하루가 지루하다.

이와 같이 남들이 심심하여 지루하게만 여겨지는 노년에 연암은 오히려 활기가 넘친다. 80세가 되었어도 지루할 여가가 없고, 늙고 싶어도 늙을 시간이 없어 못 늙는 즐겁고 행복한 나날을 보내고 있는 것이다. 큰 복은 작은 괴로움을 녹여버린다는 말을 새삼 떠오르게 하는 팔순의 잔칫상을 베푸는 연암 옹과 나의 누이 젬마.

오래간만에 내가 찾아가도 그에게는 80 나이를 거슬러 탄력이 있는 것을 보게 되고, 기가 넘치는 것을 본다. 그만하면 별장살이에서 얻어지는 충분한 보상은 모자람 없이 받고 있는 것 같다.

4. 산장에 여장 푼 노인

이 글은 산장에 여장을 푼 나의 고종제의 이야기다.
산장에 여장을 풀기까지의 과정과 많은 시간을
내가 함께 하였기에 부러움 겸 축복 겸 쓰는 것이다.

칠십에 여장 풀고

주거 중에는 종가 집처럼 조상 대대로 세거世居하며 물려받은 자리에 문중의 존경을 받으면서 권위 있게 눌러앉는 집이 있는가하면, 경우에 따라 일생에 단 한 번 정도 살던 집을 바꿔 사는 사람이 있다. 옛날에는 거의 그렇게 살았다.

그러던 것이 근래에 와서는 삼사 년을 멀다하고 빈도 높게 자주 옮겨 다니는 것이 일상처럼 되어버렸다. 부동산 투기 바람이 불자 재산 증식을 목적으로 땅을 사거나 집을 사서 자주 이주하는 경우가 지난 세월 우리나라 사람들이 겪었던 일반적인 추세요, 보편적인 상식이었다. 따라서 주택 구조와 내부 장치, 주방의 획기적인 개선 등 현대화에 매료되어 어렵지 않게 옮겨 다니는 경우가 대부분이다.

이런 상식에 살던 사람이 천행으로 고관대작에 뽑히어 그 직에 오르려면 청문회라는 까다로운 법에 시달리다가 '부동산 투기꾼'이라는 부도덕한 오명을 쓰게 된다. 그래도 헤어나려고 갖은 애를 다 쓰다가 결국 만신창이가 되어 천행으로 얻어낸 그 귀한 자리에 오르지도 못하고 망신만 당하고 밀려나기가 일쑤였다.

그런데도 다소 부지런하고, 억척스럽고, 눈치 빠른 사람들은 옛 문둥이들이 품바타령을 하며 가게마다 찾아들듯이 수많은 부동산 중개업소의 문을 두드리며 전국을 누벼 다녔던 것이 어제오늘의 현실이다.

그런가 하면 꼭 투기 목적이 아니라 하더라도 좀 더 살기 편하고 쾌적한 집에서 살고 싶은 욕구를 충족시킴과 아울러 자식의 교육환경이나 또는 직장과 연관되는 교통문제 등 여러 가지 이유로 옮겨 살지 않을 수 없는 조건에 따라 결정 짓는 경우도 빼놓을 수 없었다.

나의 경우도 좋이 열 번을 더 넘게 옮겨 다녔을 성 싶다. 결혼 초기에는 방세를 올려 달라하여 부득이 환경이 나쁜 다른 곳으로 옮겨가야 했다. 이삿짐이라야 이불과 작은 항아리와 볼품 없는 보따리를 몇 개 싸서 리어카에 하나 가득 실으면 되는 짐이었다.

한 개 밖에 없는 작은 방에 도배는 동생을 불러 손수 했지만 내가 한 비닐장판지와 전기다마(전구) 등은 가지고 다니는 것이 그 당시의 당연한 상례였다.

그렇게 전전하다가 나이 70에 이르러서 나도 서울 생활을 벗어나 번듯하게 전원생활 한 번은 해보았다.

옛날과 달리 노인의 수명이 점점 길어지고 있다. 그러다보니 인생 만년晩年에 늙은 몸을 의탁할 곳을 찾아 편히 눌러앉아 여생을 보냈으면 하는 마음이 일게 된다. 이 욕구를 억제하기에는 남은 인생이 너무도 아깝다. 그래서 자식들의 눈치를 볼 필요 없이 자기 자신의 마음에 드는 한적한 두메산골에 의욕적으로 옮기는 용기 있는 노인도 의외로 많아졌다.

그와 같은 노인들이 능력을 갖추고, 여건이 허락되어 새로운 집터를 물색하고자 할 경우라면 우선 공기 좋고, 물 좋고, 암자처럼 조용하고, 그러면서도 시가지와 너무 동떨어지지 않은 그런 곳에서 걱정 없이 여생을 편히 살 수 있는 집터를 찾아 방방곡곡을 수소문하여 다닐 것이다.

옛날 정승판서 등 고위 관직에 벼슬살이 하다가, 노년에 낙향하는 양반가가 적지 않았다. 그런 양반들 중에 돈 있는 세도가는 재직 중에 이미 논밭은 웬만큼 다 사 놓고, 낙향하여서는 번듯하게 새로 집을 짓고, 정자 짓고, 정원을 꾸며 소요하는 초로의 노인이 적지 않았다.

이러한 끗발 좋은 향사들이 벼슬살이로 어찌어찌 치부한 재물로 살림이 넉넉하겠다, 세도가 있겠다, 남의 눈치 볼 필요도 없는 터라 주기主氣가 맞는 말동무와 시객詩客 등을 초치하여 시를 지어 읊조리기도 하고, 거문고를 타고, 바둑을 두거나, 책도 읽으면서 소일하는 나달을 보내기도 했다. 궂은 일은 행랑아범과 남녀종들의 몫으로 돌려 그들 스스로 행하게 했다. 이처럼 모자람 없이 여유로운 삶을 희희낙락하다가 천수天壽를 다하는 양반이 허다했다.

그런 양반들은 세상 사람들이 하나같이 염원하는 그야말로 도끼자루 썩는 줄 모르는 팔자 좋은 사람이다. 아니 임금에 못지 않은 팔자중의 상팔자라 아니할 수가 없었을 것이다.

요즘도 돈 있고, 권세 있는 사람들은 저마다 환경 좋은 곳을 들추어 찾아서 호화별장을 군데군데 지어놓고, 필요할 때마다 휴식하는 유복한 사람들이 적지 않음을 누구나 다 알고 있다.

그렇지 못한 일반 서민으로서 여생을 보낼 수 있는 적지適地를 찾아 새로이 집을 짓고, 늘그막을 오순도순 살 수 있는 유복한 사람이 과연 얼마나 될까? 또 그렇게 옮기고 싶다고 적합한 주택지가 기다리고 있는 것도 아니다. 부잣집 별장자리로, 또는 전원주택 자리로 오래 전에 이미 죄다 내어주고 지금까지 남아있는 쓸 만한 땅이 얼마나 있겠는가 싶다.

나의 고종제는 얼마 전까지만 해도 큰 도시에서 힘에 겨운 일을 감내하며 돈벌이에 열중하고 있었다.

그러다가 얼마 전 나이 망팔望八 칠십이 되어서야 세속의 모든 일손을 놓고, 약간은 엉뚱한 곳에 새로운 희망을 심을 땅을 찾아 선바람 쐬며 두루 찾아다녔다.

그렇게 휘젓고 다니면서 보는 것마다 손사래를 치고 마다하더니 우연히 강원도 양양의 광정골에 이르러 고즈넉한 야산 속 산안장에 넓은 터를 잡게 되었다. 그곳은 하륜과 조준이 노닐면서 이성계를 옹립하려고 역성모의易姓謀議 했다는 명승지 하조대의 지척이다.

도시생활에 찌들대로 찌들어 피곤하였던 그간의 초조와 번뇌를 해탈하고, 풀이 다보록이 무성하고, 수목이 울울창창한 숲 속에 여장을 풀 것이라 하던 그간의 소원을 이룩하였다.

솔 그늘사이로 쏟아지는 햇살을 쪼이면서 티끌 하나 없는 무균의 청정지역에 흙냄새를 흠뻑 마실 수 있는 적지를 찾아 여장을 풀고, 노후를 세속의 꺼림칙한 구석 하나 없이 솔향기 그윽이 묻어오는 산들바람을 쏘이며 한가히 지낼 수 있는 꿈같은 집을 짓게 된 것이다.

그는 이제 하늘의 은혜를 입어 하루하루의 청한함을 글이나 읽고,

서각 작업도 하면서 자기 자신의 문화를 새로이 창조하려고 노력하기로 작심했다. 이와 같은 멋을 찾아 여유로운 행복한 삶을 마음껏 누리게 된 것이다.

늦복을 흠뻑 받은 이 부부는 원앙 한 쌍이 푸른 물에 놀고, 물총새가 연리지에 깃들 듯 한 사랑을 되찾았다. 그리고 고단했던 지난 세월에 여유를 찾을 수 없어 잊을 뻔 했던 금슬지락을 되새겨 도란도란 정을 쏟으며 도연명이 귀거래사歸去來辭에서 읊었듯이 그저 자연의 변화에 남은 생을 맡겨두면서 마침내 세상을 마칠 것이라 하니 이에서 바랄 것이 더 무엇이 있으랴.

秀林翠影 수림취영 - 빼어난 숲속의 푸른 그늘

甘泉山房主人 營 逸宇 〈감천산방주인이 편안한 집을 짓다〉

生來巷陌覓錢依 생래항맥멱전의
望八雲棲欲盡歸 망팔운서욕진귀
涌井盈淸池滿溢 용정영청지만일
秀林翠影岫嵎暉 수림취영수우휘
密城禽響悠悠歇 밀성금향유유헐
秘宇松風窈窈稀 비우송풍요요희
鶴髮彼蒼憑恃賴 학발피창빙시뢰
成眞趣味豈欣微 성진취미기흔미

돈을 좇던 도회생활 어제 일이라
늙음을 구름 속에 인생 백 년 다하잔다
맑은 샘은 넘쳐 흘러 못을 채워 얼비치고
빼어난 숲, 푸른 그늘엔 햇살이 쏜다

숨겨진 곳이라 새소리도 한가하고
다만야 가만한 솔바람만 살포시 스친다
학발일랑 저 하늘에 내맡긴 채로
참 재미로다, 그 즐거움 어이 적으리.

명당에 솟은 기적의 샘

풍수지리설風水地理說은 1,800여 년 전 중국 한나라 말기부터 전해오는 학설로서 우리나라에서는 신라 말기부터 조선조를 거쳐 근래에 이르기까지 모든 백성들이 심취해 내려오던 학설이다. 이 풍수지리설을 대부분의 사람들이 길흉화복에 절대적 관계를 맺는다고 오랫동안 믿어왔다.

이 설을 그대로 믿기에는 현대에 살고 있는 사람으로서 다소 의아하다 여겨지지 않는 것은 아니다. 그러면서도 아직까지 이 설을 신봉하거나 심취되는 경향이 짙다. 이 설에 입각한 좋은 자리라면 그것이 희망의 땅이요, 복 받는 땅이라 여기며 과학자나 종교인을 막론하고 누구나 귀가 솔깃해하는 것이 사실이다.

이 풍수지리설을 그 방면의 문외한인 나로서도 괴이쩍고 믿을 것은 못 된다 여겨왔었다. 그러하건만 그의 집터가 너무나 이에 부합되어 굳이 부정할 필요까지 없을 것 같아 그 대강을 살펴보았다.

이 집터의 주변은 이렇다.

주산 현무玄武는 봉긋하게 솟아 거북등처럼 안존하면서 팔방으로 가지를 치고 있는 거북의 형상으로, 밑에서 불어오는 바람을 거둬 장풍藏風하고 있다.

좌우에 청룡백호青龍白虎가 겹겹이 팔을 벌려 휘어 내려 감싸고 있으며, 좌우 능선의 솔밭이 끝나는 앞벌에 바다를 향해 길게 냇물이 흐른다. 그 멀리에 주작안산朱雀案山이 야트막하니 길게 뻗혀 주작이 날개를 활짝 편 듯이 가로로 벌려져있다.

주산을 비롯하여 안산에 이르기까지의 모든 산이 완만함으로 품위가 있고, 깨끗하고, 아담한 흔치 않은 지기地氣를 간직하고 있다. 그리고 그 안산너머 동남방향에 파란 동해물이 끝없이 출렁인다.

이와 같이 흠 잡을 데 하나 없이 풍수지리설의 제반 조건에 부합되는 명당길지의 복 받을 집터로서 행복이 우르르 몰려올 뜻밖의 요행지라 아니할 수가 없을 것 같다. 아니 꼭이 풍수지리설이 아니더라도 이만한 입지조건이라면 누구나 혹하지 않을 수가 없을 것이다.

이 명당자리 사방에 우리나라 고유의 적송이 쭉쭉 뻗어 아름다운 푸른 숲으로 꽉 차게 울을 치듯 둘려 처져 있다.

한 15년 쯤 전에 금강산에 구경 간 일이 있었다. 금강산 옥류동 초입에 울창하게 자생한 미인송美人松이라 부르는 솔밭이 있었는데 이 집터 둘레의 적송이 마치 그 미인송을 보는 것 같아 새삼 감회가 깊어진다.

송림은 아름다울 뿐만 아니라 나무 자체에서 인체에 유익한 천연 피톤치드가 주변을 에워 감싸고 풍부하게 뿜겨져 나온다. 피톤치드는 공기의 정화작용은 물론이고, 알레르기 개선, 잡냄새 제거, 곰팡이 제거, 아토피 개선과 불면증 등에 효과가 크다는 물질로 알려져 있다.

이와 같이 여러모로 좋은 조건을 다 갖추고 있는 명당길지와 더욱 부합한다.

이러한 길지에 수산가岫山家의 두 양주兩主는 늘그막을 행복하게 살 집터를 널찍하게 닦았다. 동해바다에서 불어오는 강쇠바람 속에 포크레인을 연일 움직여 삼면으로 삼태기처럼 울이진 산안장 팔백여 평 중에서 아래쪽 버덩 땅은 손도 대지 않고, 위쪽의 절반 가량의 평평한 지역을 깎아 다듬고, 삼단으로 평지로 만들어 택지를 조성하였다.

그것만으로도 그는 흡족했다.

수산은 다음 절차를 진행하고자 수맥전문가를 불러 수맥을 찾아봤다. 그런데 수맥이 잡히지 않는다. 그 수맥전문가는 이곳이 물이 없는 산이라고 단정적으로 말하며 하산했다.

주택지에 물이 없다면 제아무리 명당이면 무얼 하고, 길지면 무얼 하랴, 결국 집짓기를 포기하여야 하나? 하는 불안과 초조로 모든 의욕을 상실하고 있었다. 이렇게 시름 속에 며칠을 고민 고민하다가 하루는 심심파적으로 얼마 전에 포크레인으로 터를 닦아놓은 곳을 삽을 들고 다니면서 땅을 고르고 있었다. 그런데 상층의 좌측 언덕 밑에 이르자 다소 축축한 곳이 눈에 띄었다.

혹시나 하는 궁금증에 삽을 찔러 헤쳐 보니 하얀 푸석바위가 나타났고, 그 푸석바위 틈새에서 맑은 물이 촉촉이 비치었다. 그의 마음은 설레었다.

그때의 상황을 들어본다.

지난 세월 수도와 관계된 일을 오랫동안 하다 보니 물에 남달리 관심이 많았다. 물에 영민한 그는 촉촉이 내비치는 산 흙을 보고 단샘이 나올 것이라 직감했다. 그래서 갈고리로 쑤시고 곡괭이로 파헤쳤다. 그랬더니 이게 웬일인가! 감춰져있던 작은 수맥이 터졌다. 충분히 먹고, 쓰고, 남을 정도의 맑은 단샘이 앞날의 희망을 안고 솟아나더니 금방 언덕 아래로 흘러내리는 것이 아닌가.

그는 흥분했다. 명당길지에 입주할 임자를 만난 것이다. 너무나 기뻤고, 너무나 행복했다. 그의 생애에서 가장 행복했던 순간이라고 해도 과언이 아니다. 펄쩍펄쩍 뛰 것만 같아 힘이 솟았다. 그의 특유의 순백 머리카락이 더욱 반짝이며 윤기가 도는 것 같았다. 하늘이 칠보七寶를 우박처럼 내려준다 한들 이보다 더 행복할까?

모세는 이스라엘 백성을 인도하여 애급을 탈출하던 노중에 물이 없어 백성들의 원성을 듣게 되었다. 그때에 모세는 호렙산 반석을 지팡이로 쳐서 물이 솟아나게 하였다. -〈출애굽기 제17장 6절〉

이것이 소위 말하는 모세의 기적이다. 그 기적이 이곳에 나타났던 것이다.

나는 생각했다. 젖과 꿀이 흐르는 가나안 땅보다 더 좋은 땅을 큰돈 들이지 아니하고 장만할 수 있었다는 것은 그 자체만으로도 하늘의 보살핌이라 여겨졌다. 그는 한평생을 누구에게 해를 끼친 일이 없고, 타인에게 불행을 끼친 일도 없이 악을 모르고 살아온 올곧고 성실한 사람이다. 그래서 이런 행운을 하늘이 내려주었고, 그 행운을 받은 것이라고.

달팽이도, 누에도 자기들이 살 집을 단단한 껍질로 야무지게 지어 산다. 그런 생각을 하면서 앞으로 30년 그 이상을 더 살아야 할 터전이기에 목조건물로 남달리 튼실한 집을 지을 요량이었다. 그것은 어떤 일을 하기 전에 너무 늦었다는 생각을 하지 말라는 그 말이 떠올랐기 때문이기도 하였다.

곤지암 목재창고에 가서 최상급 목재를 손수 골라 차에 실었다. 그 외의 제반 건축자재도 직접 챙겨놓고, 일류 건축기술자를 홍천에서 초빙하였다.

그는 평소에 지니고 있던 무사자통無師自通한 재주를 다하여 그의 독특한 백발을 더펄거리면서 산산한 샛바람 속에 상하수도를 비롯한 우수雨水배관공사에 이르기까지의 모든 배관 공사를 칠순의 남은 힘을 함께 깔고, 묻었다.

그 뿐이 아니다. 적송이 울창하게 우거진 산림 속이라 지난 날 고성, 양양에 빈발했던 화재를 상기하여 집 외부에 대형 스프링클러도 두 곳에 설치했다. 이 소방시설은 지붕에서부터 목조 벽체에 이르기까지 충분히 물을 뿌려 흠뻑 적셔주는 역할을 하는 기발한 착상의 장치다. 이와 같이 화재로부터의 재앙을 최대한 피할 수 있도록 하는 등 노인다운 배려까지 노련하게 다 갖추어놓았다.

고요한 송림 속의 산장주택은 이렇게 완공되었다.

새집 현관 앞 왼쪽 눈높이에 내가 서각작품으로 새겨간 감천산방甘泉山房이라는 그리 크지 않은 옥호판屋號板을 문패 삼아 집주인과 함께 아담하게 걸었다. 그랬더니 집은 더욱 격이 높아 보이고, 품위 있어 보인다.

감천산방이라는 옥호는 단샘이 나오는 집이라는 뜻으로 우연히 단샘이 기적적으로 솟아났다는 의미를 담은 집주인의 뜻이다.

수산가의 두 부부는 도시의 오랜 아파트 생활을 정리마감하고 새로운 보금자리로 벅찬 감격 속에 가슴 뿌듯이 입주했다. 이제 아파트의 집단생활에서 보였듯이 이웃과 서로 올근볼근 맞서 시비할 필요도 없고, 누구의 눈치를 볼 필요도, 서로 간에 악악거리며 언짢은 기색을 보일 필요도 없이 세속으로부터 완전히 자유로워졌다.

그는 본시 여느 노인들보다는 보수적이지 않고, 고집스럽지 않고, 세상물정에 꽤나 밝은 사람이다. 그렇다 하더라도 늙바탕에 겪을 뻔했던 어지러운 백수풍진白首風塵을 그는 초록빛 그늘 아래에서 어제와는 완연히 다른 세계를 새삼 경험하게 되었다. 지난 세월 파릇했던 인생의 한 조각을 다시 찾은 듯 사고思考의 깊이도 달라질 것이다. 이와 같이 자신의 내면세계를 한껏 살찌울 수 있는 계기가 그들 부부에게 마련되었다.

이 기념비적 입주 첫 날을 옛날 사람들이 그리했듯이 마음 속으로나마 하얀 햅쌀을 정화수로 깨끗이 씻어서 지은 노구메를 정성껏 떠놓고, 산신령에게 무사무탈하게 해 달라 비난수를 들이고 싶은 생각이 어쩌면 들었으리라.

새 집에 입주하여서일까, 하조대 앞바다에서 불어오는 상큼한 샛바람에 실려 휴가를 즐기는 젊은이들의 웃음소리가 메아리 져 소복이 들려오는 듯 마음에 젊음이 인단다. 아무리 꿈이 아름답다지만 이보다 더 아름다우랴. 오늘의 이 벅찬 순간을 어찌 영원히 잊을 수 있으리.

저녁노을이 산등성이를 고즈넉이 넘어 어두워진 괴괴한 숲속의 첫날 밤을 두 부부는 밤새도록 덕담으로 잔질하면서 임금님보다도 왕비보다도 더한 구순한 행복에 심취되었을 것이다.

날이 새자 하늘에 물결구름이 둥실 떠 있는 산 둘레의 우거진 소나무 숲에서는 더욱 싱그러운 초록향기를 토해내는 것 같다. 그 만족감을 혼자만이 지니는 것이 다른 사람들에게 미안한 감이 들 정도로 감사를 느낀다고 한다.

맑은 공기를 마시고 싶어 하는 수많은 사람들에게 지천으로 흔한 이 솔향기를 한 아름씩 보자기에 담아 보내주고 싶어지는 너그러운 마음이 생긴다고 그의 아내는 말한다. 그 이른 아침의 달콤한 하루를 시작하는 상큼한 앞마당에 나오면서.

인생에서 너무 늦은 일 따위는 없다. 다소 늦기는 했어도 지금부터라도 지나치게 바치던 그간의 술버릇도 줄일 작정이라고 다짐한다. 그리고 자기만의 문화를 넓히려고 한다. 동산東山의 소나무를 제치고 눈부시게 떠오르는 아침햇살 아래 세속의 욕심도 다 버리고, 마음을 수양할 것이란다.

그러면서 그 동안 일에 밀려서 보지 못했던 책도 이제부터 틈틈이 읽고, 이웃의 목각예술인 박풍과도 자주 교류하며, 서각예술에도 접근함으로서 새로운 문화를 창조하여야 되겠다는 올찬 생각을 서로庶老의 칠십 나이에 새삼스레 가슴 깊이 새기고 있었다.

고산孤山 윤선도尹善道의 시조 한 수와 주자朱子의 시 한 편이 떠오른다.

五友歌 오우가

내 벗이 몇이냐 하니 수석과 송죽이라
동산에 달 오르니 그 더욱 반갑고야
두어라 이 다섯 밖에 또 더해 무엇하리.

※ 五友- 水, 石, 松, 竹, 月

隱求齋 은구재

주자朱子

晨窓林影開 신창임영개
夜寢山泉響 야침산천향
隱此復何求 은차부하구
無言道心長 무언도심장

새벽 창엔 숲 그림자 열리고
잠자는 밤엔 산 샘의 메아리
여기 숨어 무엇을 구할 것인가
말없이 길러지는 마음의 공부

우리나라 정자의 건축미

2008년이 저물어 갈 즈음에 양평을 뚫고 도도히 흐르는 남한강 기슭의 작은 비래산인 떠드렁산을 김선교 군수는 공원화하여 인공폭포를 만들고, 산 전체를 공원으로 조성하여 노래비를 세웠다. 그리고 물안개공원이라 이름 지었다. 그 후에 운천 황명걸선생의 시비까지 세워 공원을 더 알차게 꾸몄다.

산 정상에 이르는 길을 동서로 계단을 만들고, 길을 열었다. 그 정수리에 여섯 칸짜리의 제법 큰 직사각 팔작지붕정자를 누각처럼 우람하게 세워 단청하고, 정자 둘레를 널찍하게 담을 쳐 기와를 얹어서 아늑하게 감쌌다. 그리고 얼기설기 짜 맞춰 곱게 단청한 아름다운 공포를 향해 사면에서 위로 조명을 쏘게 하였다.

이 정자 이름을 '고산정孤山亭'이라 지어서 나에게 현판을 제작해달라고 건축기술자는 의뢰해 왔다. 나는 팔뚝만큼이나 큰 붓을 다듬어 서고를 쓰고, 정자에 알맞는 크기로 양각으로 깊숙히 서각 하여 현판을 만들었다.

정자 건물에 현판이 걸림으로서 고전미가 넘치는 고산정이 헌거롭게 자취를 드러냈다. 마치 수양대군의 권신 한명회의 압구정鴨鷗亭을 연상케 하는 그런 정자로 걸출하다.

현판이 걸리고 사흘 후인 2009년 1월 1일 07시 48분, 군수와 수많은 주민이 함께 고산정 준공식을 겸한 해맞이 행사를 이곳에서 거행하며 평화의 비둘기 수십 마리를 희망의 새벽 하늘에 날렸다.

이렇게 하여 우리나라에 고전적 전통 팔작지붕정자가 또 하나 태어났다.

歲暮 孤山亭 세모 고산정

楊江涯際兀山熒 양강애제올산형
將傳遺詩薄霧庭 장전유시박무정
仰見飛甍添晧雪 앙견비맹첨호설
欲迷畵棟碧金銘 욕미화동벽금명
四扃垣裏安思古 사경원리안사고
檻外長流漫翅翎 함외장류만시령
斜照熹微窮杳渺 사조희미궁묘묘
遠村寂寞侈家汀 원촌적막치가정

양평강 언덕가에 우뚝 솟은 밝은 산
옛님 시를 전하려나 뜰 안 자욱한 안개
지붕 끝 날렵한데 흰 눈마저 살포시
홀릴 듯한 집채에는 단청이 울긋불긋

사방 쪽문 담장 안은 옛처럼 안온한데
난간 밖 긴 강엔 새들이 한가히 나래를 편다
해는 기울어 희미한 속에 아득히 보이는
멀리 적막한 물가 마을의 사치한 집들

서울 남산골 한옥마을에는 엄청 넓은 규모의 모임지붕 팔각정이 덩그렇게 서 있다. 그런가하면 다소 솔게 지어져 앙증맞고 깜찍한 팔각정도 많이 있다. 그리고 육모정, 사모정 등 여러 형태의 모임지붕 정자가 전국에 분포되어 있다.

정자에 기와지붕만 있는 것이 아니다. 생활이 윤택하지 못한 마을에서 일을 하다가 잠시 쉰다던가, 노인이나 그 밖의 사람들이 여가로 장기를 두고, 막걸리 잔을 기울이며 환담을 나눌 수 있도록 지어놓은 누런 볏짚이나 갈대를 얹은 지붕의 사모 초정草亭도 많이 있었다. 그렇다고 원두막과는 완연히 다른 어엿한 정자다.

지금도 서울 상암동 월드컵경기장 인근의 하늘공원 억새밭에는 작은 사모초정이 세워져 있어 지붕 위에 박이 대롱대롱 매달려 있는 것이 매우 서정적이다.

또 남산골 한옥마을 주택가 언덕 위의 넓은 뜰 한쪽 편에도 누런 볏짚을 가득 덮은 널찍한 사모초정이 헌거롭게 세워져 있어 관람객의 눈길을 끈다.

그 밖에도 고산정 같은 직사각의 팔작八作지붕을 얹은 누각처럼 규모가 큰 정자도 이외로 많이 있다. 그런가 하면 우진각지붕이나, 양쪽이 뚝 잘린 맞배지붕의 정자도 없는 것은 아니다.

사찰이나 궁궐은 물론이고, 최근에는 일반 공원에도 눈만 뜨면 모임지붕팔각정이 세워진다. 큰 규모의 공원에는 고산정처럼 제법 사치스런 팔각정을 격에 맞춰 짓고, 단청까지 곱게 칠하는 경우가 꽤나 있다.

그런 화려한 정자에는 의례히 둥근기둥위에 창방을 얹고, 그 위에 평방을, 그런 다음에 굴도리를 튼튼하게 사개를 맞춰 얹는다. 그리고 복잡하게 공포를 깎아 끼워 맞춰 예술미가 돋보이게 하고, 부연을 달아 처마를 날렵하게 휘어 올린다.

기와는 전통한옥 토기와를 진흙을 깔아 위에 올려 이고, 지붕의 상부에 절병통節甁桶을 층층 얹어 마감한다.

이와 같이 건축물이 완성되면 모든 목재부분에 붉은 황토색으로 바탕칠을 한 다음, 돋보이는 부분에 단청으로 곱게 칠을 한다. 이것이 한국고유의 멋이요, 한국고유의 정자건축미다.

그렇다보니 팔각 모임지붕정자만 정자인 줄 알고, 어떠한 공공장소에는 의례히 팔각 모임지붕정자 하나는 지어놓는다. 그것이 작금의 상례요, 풍속도처럼 되어버렸다.

그런 뜻으로 지은 정자는 어설프게 팔각정 모양새만 흉내내어 아무렇게나 날림으로 짓는 경우가 허다하다. 보기에 우선 거칠어 보이고,

기와도 시멘트로 찍어 만든 짝퉁 한옥기와로 반지랍지 못하고, 테석테석하게 얹었다. 전국의 군데군데 공원이나 공공장소에는 의례히 그러한 팔각정이 세워져 있다. 내가 사는 주변 공원에도 있고, 우리 아파트의 정원에도 있다.

그와 같이 조악한 팔각정을 지을 바에는 차라리 팔각정보다 건축비가 다소 적게 드는 모임지붕 사모정을 그럴싸하게 제대로 지어 소박하게나마 질을 향상시키는 편이 훨씬 더 나을 것이다.

정자에 접목한 서각예술

수산에게 늦게나마 잊혔던 정서를 되찾고, 이미 둔해져 버린 지성과 감수성, 그리고 참된 삶의 높은 지혜도 그런대로 되돌려 놓았으면 하는 간절한 염원을 나는 하고 있었다. 그럼으로써 정신적으로, 문화적으로 차원이 다른 멋을 풍부하게 살려 여생을 보다 값지게 살기를 바라는 마음을 떨칠 수가 없었다.

인간의 각가지 시비와 속된 희비도 없는 송림 속의 이상세계에서 품위 있는 새로운 인생 출발을 꿈꾸기를 원했다. 그래서 정자 하나를 지으라고 권했다. 없는 돈에 많은 돈을 들여가며 지으라는 것이 아니고 조촐하고, 고풍스럽고, 다소 부족한 듯 한 정자를 지었으면 좋겠다는 생각을 그의 가슴 속에 각인시켜 주고 싶었다.

수산도 그런 정자가 있으면 좋겠다는 생각이 없는 것은 아니나 전국에 흔하게 있는 버섯형 원두막도 아닌 한옥정자라고 하니, 대단한 재산가도 아니고, 경제적 여유도 없는 상황에서 정자 짓고 거들먹거리는 것 같아 남우세스럽기도 하고, 뇌꼴스런 생각도 들어 절실한 생각을 할 수가 없었다. 그러다가 나의 성화에 못 이겨 동의하였다.

나는 아름다운 소나무 숲이 사방 둘레에 에워싸여 있는 점에 착안하여 "수림정秀林亭"이라 그의 허락도 없이 이름을 지었다. 호족소반만큼이나 큰 보령남포원석벼루에 먹물을 그득히 채워서 팔뚝보다 더 큰 붓에 먹물을 흠씬 적신다. 그 붓으로 화선지에 가득 "秀 林 亭"이라 해서체로 힘차게 휘필하였다.

나는 알마시카 나무판을 대리석처럼 매끄럽게 갈고, 그 위에 서고書稿를 붙인 다음, 글자 획에 따라 조자룡이 쌍칼을 휘두르듯 서각 도를 현란하게 휘둘러 수림정秀林亭이란 현판 글씨 세 글자를 양각으로 깊숙히 새겼다.

그리고 바닥을 무늬 지어 고른 다음, 현판액자틀을 짰다. 그리고 현판에 어울리는 조색으로 하얗게 칠을 했더니 현판으로서의 멋과 아름다움이 도두 보이는 것이 어느 고궁이나 사찰의 그것을 능가하는 제법 고상하고 품위 있는 현판으로 어울린다.

수산은 서둘러 집 앞 비탈진 산 밑에 정자 자리를 마련하고, 한 자 굵기의 양양송襄陽松 기둥나무 네 개를 구입하여 동구 밖에 사는 개똥밭 조각가인 정자건축가 박풍에게 정자 건축의 모든 것을 의뢰했다.

박풍은 달관한 솜씨로 솔보굿과 속껍질까지 말끔히 벗겨 곱게 다듬은 다음, 잎이 다보록하여 무성한 밤나무 아래에 잡아놓은 정자 터에 널찍하게 차일을 치고, 합판을 깔아 작업하기에 좋게 나란히 눕혀 놓았다.

나는 즐거운 마음으로 집 주위의 아름다운 분위기에 어울리게 수림취영秀林翠影이란 제목의 한시 한 수를 칠언율시로 지어서 주련으로 화선지 여덟 장에 행서체로 굵게 쓰고, 별도로 전서체를 또 작게 쓴 서

고와 서각 도구 일습을 챙겨가지고 양양 광정골 현장에 임했다. 마치 조계사 대웅전 기둥과 같은 큰 통나무기둥에 칠언율시 여덟 줄을 한 기둥에 행서체를 두 줄 씩 대對를 맞춰 붙이고, 이마 부분에는 그보다 잘게 쓴 같은 시의 전서체 소전小篆글씨의 서고를 또 돌려가며 붙였다.

장마철도 아닌데 비 같지 않은 비가 바람과 함께 매일같이 흩뿌리는 가운데 얇은 화선지의 서고를 비바람 속에 한 자 한 자 붙여야했다. 비에 젖고, 풀칠에 흠뻑 젖은 서고 종이가 팔락팔락 날리고, 요리조리 밀리기도 하면서 마땅치 않게 삐딱하게 붙여지기도 했다. 행서체 큰 글씨는 음각으로 새기고, 전서 글씨는 양각으로 새기기로 마음 정하고 작업에 임했다.

기둥을 타고 앉거나, 바닥에 털퍼덕 주저앉아 엎드린 채 칼과 망치의 조화를 이룬 곳에 칼 밥과 함께 글자 획이 살고, 글자가 한 자 한 자 태어난다. 행서체 음각 획이 V자형으로 깊숙히 파이고, 비백飛白도 살려가며 자획의 생동감을 얻는다.

이 집 안주인이 사이참과 조잔부리는 수시로 내어다주나 늙은 배가 수용할 수 없어 눈으로만 먹으면서도 작업에 일발이 선다. 마침내 기둥 두 개의 주련 글씨가 새겨졌다. 머리 부분의 전서는 소전小篆의 아름다움을 십분 나타내고자 세심한 주의를 기울인다.

날씨는 하루를 멀다 하고 비를 뿌린다. 기둥에 붙인 서고는 흠뻑 젖어 칼 가는 곳에 따라서 마땅치 않게 밀린다. 이러한 상황에서 하루의 작업을 빗속에 끝나면 밤새 비가 들이칠 것을 염려하여 그 매일매일을 널조각을 받쳐가며 비설거지를 해야 했다.

맑은 솔바람 속에 적막을 깨고, 간헐적으로 들려오는 뻐꾸기 소리를 들으면서 이른 아침부터 저녁까지 하루 열 시간을 혼신의 힘을 다해 두드려 댄다. 작업하기에 앉은 자세가 마땅치 않아 온 몸이 뒤틀리고 꼬여서 작업대에서 일하는 것보다 두 배, 세 배의 힘이 부친다. 제아무리 의욕이 넘친들 팔십 중반의 나이를 어찌하랴. 피로가 쌓이고, 힘에 겨워 며칠 동안을 양평의 내 집에서 휴식한 연후에 다시 또 시작했다.

이렇게 6월 4일부터 그들과 숙식을 함께 하며 다 새기고 나니 한석봉도 부러워할 주련글씨가 나의 혼이 오롯이 담긴 작품으로 아름답게 태어났다.

다 새긴 행서체의 주련 글씨에는 검은 계통의 색을 조색하여 메웠고, 머리 부분의 전서체에는 동분銅粉을 입히고, 그것을 화학처리로 강제 부식腐蝕시켜 골동품처럼 변화시켰다. 정자 기둥을 이처럼 처리한 예는 고금을 막론하고 이 정자가 처음일 것이라 단정한다.

정자 건축가 박풍은 정자 기초를 누각의 기초처럼 튼튼하게 메우고, 채석장에 특별 주문하여 2단으로 60센티미터 높이의 화강석 초석을 다듬어서 싣고 왔다. 이 초석을 시멘트 기초 위에 수평을 맞추어 깔고, 그 위에 주련글씨를 새긴 한 자 굵기의 통나무 기둥을 세웠다. 없는 돈에 억지 춘향이로 짓는 정자이다 보니 창방, 평방은 생략한 채, 사개를 맞추어 도리를 물리고 얹었다. 그런 다음 선자扇子서까래를 부연도 없이 깔았다.

이리하여 수림정은 소박한 가운데 고풍스럽게 꾸며졌고, 굵은 선자扇子 서까래 위에는 집을 짓고 남은 내장용 고급 루버로 산자橵子를 깔았더니 정자 안에서 쳐다보기에 더없이 아름답다.

중고 한옥 토기와를 어렵사리 구하여 산자 위에 막새도 없이 얹었다. 그리고 지붕의 상부 옥개屋蓋에 항아리 몇 개를 겹쳐 올려 절병통節甁桶을 대신했더니 고색창연한 것이 네 기둥의 주련서각 작품과 함께 어울려 보기 드문 조화를 이룬다. 이와 같이 사방 3미터 크기의 큰 사모정자가 두메 산속에 버젓하게 세워졌다.

정자를 세워놓고 보니 일반 서민의 사저에 딸린 정자치고는 우리나라에 둘도 없는 문화재로 손꼽힐 만하다.

고즈넉한 분위기를 풍기는 그윽한 산 속에 우람한 네 개의 기둥에 떠받혀 소박한 가운데 서각의 조형예술을 주련으로 과감하게 접목한 유래 없는 작품 있는 정자로서 그 심미적 취향을 충족시키기에 덜함 없이 충분하다.

수림정은 이렇게 내실 있는 정자로 매우 헌거롭다. 지붕에 헌기와를 얹음으로서 고색창연하고, 기와 끝에 막새도 없어 소박한 것이 박이라도 주렁주렁 얹으면 제법 어울릴 것 같은 분위기의 정자로 부담 없이 수수하여 보기에 좋다.

주련에 새긴 한시를 풀이한 해역시판을 원문은 한문 행서체로, 해역은 한글 판본체로 잘게 쓴 서고를 180센티미터 길이의 알마시카 서판에 붙이고, 아래쪽에는 우리나라 고유의 완자무늬를 덧붙여 양각으로 어렵사리 새김질을 시작했다.

마치 팔만대장경판을 새기듯이 조심스레 새겨도 자획이 가늘다보니 자주 떨어져 나간다. 그때마다 떨어진 조각을 칼 밥 나무부스러기 속에서 겨우겨우 찾아내어 강력접착제로 붙여가며 깎고 또 깎는다.

이렇게 해서 보름이나 되는 긴 시간에 걸쳐 완성된 시판을 사페로 곱게 갈아서 흡족하게 완성했다. 검은 바탕위의 양각글씨에 금박을 입혀 반짝반짝 빛을 내어 치장하는 작업으로 마감했다. 그리고 또 다른 세 개의 작품을 더 만들었다.

네 개의 작품 중 가장 주가 되는 해역시판을 정자 내부의 정면 맞은편 도리에 알맞게 걸어놓으니 금박으로 치장한 터라 수림정이 빛이 나고, 너무나 잘 어울린다. 정자 내부가 곱게 단장한 왕의 후궁처럼 환하게 밝아졌다.

그리고 정자 내부의 다른 둘레에도 음평각으로 새긴 '일일청한일일복一日淸閑一日福'을 남쪽 도리에 걸고, 음각으로 한글을 새긴 우암 송시열 선생의 '절로절로' 라는 시조를 북쪽 도리에 걸었다. 현판의 뒷면 서쪽 도리에는 '텅빈마음 꽉찬독서열'을 음각으로 새겨 걸었다.

이로서 네 개의 둥근 기둥을 비롯한 정자 내부의 도리 전부를 서각 작품으로 메웠다.

정자에 오르면 서각작품으로 꽉 채워져 이채롭기도 하거니와 시문과 함께하여 문자에서 전이되는 차원 높은 기풍은 도가 높은 선비의 취미를 무색하게하고, 둥근기둥 상부에 부식동분腐蝕銅粉의 골동화한 전서의 심오한 문자미학은 어느 박물관에서나 볼 수 있을까? 다른 어디에서도 찾아볼 수 없는 예술로 승화되어 그 가치가 더없이 높아 보인다.

이와 같이 수림정은 겉보기에는 소박하나 정자 내부만은 예술품으로 오달지게 꽉 찬 것이 제법 번드르하다.

정자 건립계획 초에 미리 새겨놓았던 수림정秀林亭 현판을 이집 주인 수산과 정자를 지은 박풍 두 사람은 높은 거푸집 받침대 위에 올라 서로 받쳐가며 조심스럽게 건다.

그간 기다리고 기다렸던 현판이 마침내 걸리게 되어 수림정이 이제 참 모습의 수림정으로 태어났다.

수림정秀林亭의 늦 정분

조촐한 현판식은 사진 찍는 것으로 대신하고, 지평막걸리를 흔들어 잔 가득히 따르면서 건배덕담으로 영원히 빛이 사위지 않을 수림정을 축복하고, 집주인 내외의 건강한 장수를 기원했다.

이 가멸찬 분위기에서 자연과 동락하는 자연인이 되어 자연과의 대화로 흥을 낚는 오롯한 삶을 축복하며 앞으로 30년의 오랜 나날을 정자와 함께 이어가기를 나는 기원하였다.

정자주변을 확장 정리하는 한편, 뜰에서 정자에 이르는 약간의 거리를 휘어진 밤나무를 어렵게 구하여 멋을 내어 다듬어서 무지개다리 오작교로 계단을 대신하여 꾸며 놓았다.

다소 늙었으면 어떠랴, 늙은 나이에도 젊은 마음이 있는 법이니 이 가정에 온갖 행운이 더욱 가물가물 움트기를 기원한다.

아담하고 앙증스런 무지개다리 오작교를 타고 수림정 정자에 올라본다. 수억 년을 지나도 변할 줄 모르는 사랑의 주인공 견우와 직녀가 오작교에 오르는 것처럼 우아한 두 노부부의 모습이 그림으로 그려진다.

허여 센 머리는 수양버들같이 귀 뒤로 축축 늘어졌어도 얼굴은 동안이요, 마음 또한 동심을 잃지 않은 감천산방 주인 수산가의 양주가 수림정과 함께 영원하기를 기원한다.

늙음일랑 아예 잃고 하늘의 선택을 받은 행복을 한가득 지니며 원앙 한 쌍이 푸른 물에 놀고, 물총새가 연리지連理枝에 깃들인 것 같은 두 사람의 늘그막의 더없는 부부애가 그저 부러워진다.

집 주인 수산의 내외분이 남은 생을 지금까지와 달리 품위를 더욱 높여 인격을 달리하는 새로운 삶으로 영위하기를 기대하며, 멋이 풍부한 정서 속에 자연과 동락하며, 신선처럼 살기를 염원하는 마음에서 나는 진정 수고를 아끼지 않고, 고령을 무릅쓰고 작업에 열을 올렸었다.

더욱이 긴 세월 갈고 닦은 기량을 아낌없이 발휘하였다. 물론 다소 미흡한 점이 없는 것은 아니나 이 세상에 둘도 없는 문화재급 정자가 그윽한 두메 산 속에 소박하나마 걸출하게 우뚝 세워져 이채를 띠는 것이 매우 자랑스럽고 경이롭다.

고궁이나 사찰에서처럼 단청으로 치장한 화려한 공포貢布집 팔각의 모임지붕정자는 아니지만 사저私邸에 딸린 정자치고 수림정은 우람한 네 개의 기둥과 함께 여봐란 듯이 번듯하다.

이 정자에 올라 아래를 굽어보면 집 어구의 능선 끝자락 사이로 하얀 길이 Y자로 갈려져 있다. 이 길은 무엇인가 비경이 감춰져있을 것 같은 궁금증을 자아내게 하는 정서가 숨겨져 있다. 그러한 궁금증을 안고 환상의 조촐하고 호젓한 이 길을 김삿갓처럼 홀로 마냥 걷고 싶어지는 충동을 누르고 뒤를 돌아본다.

정자 밑에 고요하게 실같이 흐르는 물을 웅덩이를 파고 모아 작은 연못을 만들어 물이 자란자란 고이게 했다. 파란 이끼가 낀 큰 바윗돌 몇 개를 떠다가 울을 치니 제법 벌창한 용추龍湫가 별로 힘들이지 않고 거의 절로 이루어졌다. 이 용추龍湫에 햇빛이 고이면 도롱뇽이 헤엄치고 가재와 개구리가 돌 틈에 숨는다.

실폭포가 돌돌돌 저 혼자 떨어지면서 물 위를 노래로 풀어놓으면 최면에 걸릴 듯이 무아의 세계에서 사색에 빠지는데 바람도 없는 밤나무에서 덜 익은 파란 풋밤송이가 가시를 달고 소리 없이 떨어지니 숨어있던 개구리가 화들짝 놀라 두 다리를 쭉쭉 뻗으면서 무자맥질 친다.

용추 위 남쪽 비탈진 치받이의 세심대洗心臺를 우러러 보니 세상의 어지러운 마음속을 말끔히 씻어내라 재촉하는 글씨가 있는가 하면, 정자 뒤 산자락의 하얀 바위에는 화할 화和자를 새겨 이미 청한한 정자에 들었거늘 속세를 떠나 더욱 마음을 화평하게 하라고 넌지시 일러준다.

시누대가 우부룩이 우거진 속에 가득한 작은 멧새들이 시골장터처럼 들락거리며 어울려 춤을 추며 포닥인다.

그리 깊지는 않아도 산 속이다 보니 주변의 울창한 소나무와 함께 청정지역에 저무는 태양이 구름을 불러오면 석류 속처럼 붉은 노을이 솔가지를 고즈넉이 감싸주며 물들이다가 시간이 이윽하여 하늘불의 붉은 흔적을 아쉬움 속에 거두어간다.

또한 행복을 기약하는 상큼한 솔향기 속에 산등성 마루에 해가 설핏하고 어둠이 그윽이 드리워지면 정자마루에 두 다리를 뻗고 편안히 들어 누워본다. 하늘에는 은하수가 은은히 소양호처럼 길게 뻗혔고, 은하에 박힌 북두칠성이 정자의 추녀 끝에 선명하다.

상현달이 소나무 가지 위에 동쪽을 향하여 가느다랗게 눈썹을 그린 가장자리에 깜박깜박 졸고 있는 잔잔한 뭇별이 잡힐 듯이 총총하다. 사위가 괴괴히 적막한데 용추에 돌돌돌 떨어지는 가냘픈 실폭포 소리만이 귓가로 스쳐 깊은 적막을 깬다.

이와 같이 그윽한 산안장 가장자리의 정자가 밤하늘과 하나로 동화되면 어느새 그윽이 밤이 깊어 이슬에 젖어든다.

따사로운 꿈이 영그는 이런 곳에 속세를 떠나 독서나 하면서 목이 마르면 단 샘을 마시고, 배가 고프면 산채를 뜯어 밥에 얹어먹으면서 영화와 오욕에 마음이 흔들리지 않는 세속을 초탈한 심경으로 그저 영혼 깊숙히 도인으로 자리 잡고, 신선으로 승화될 것만 같다.

세속의 물욕, 권세욕, 애욕, 거기에 따르는 온갖 질투, 시기, 모략 이런 것들이 파고들 작은 틈새 하나도 다 없어지는 무릉도원 별세계에서 유유자적하는 노년의 금슬 좋은 수산가의 두 부부.

저 솔숲처럼 무성하던 지난 날의 힘 넘치던 젊음을 이제 되새겨본들 무엇 하리. 지금의 이 부부가 한층 더 싱그러운 것을.

사람이 늙어지면 허수아비라고들 한다. 유한한 인생을 세속물정을 피해 초탈한 인생을 유익하게 사는 것이 알찬 삶이다. 행복은 갖지 못한 것을 바라는 것이 아니라 가진 것을 즐기는 것이다. 이 집과 이 정자에서 오늘이 내일보다 낫고, 내일이 오늘보다 나은 고상한 취미 속에 살면서 차원 높은 삶을 영위함으로서 천국같이 마음껏 즐기며 살기를 진심으로 바란다.

인생 한평생을 너무 한가롭기도 어렵지만 청한한 삶을 계속 지키기도 어려운 법이다. 그러나 이 청한한 감천산방에서 수림정에 오르내리며 살게 되는 두 부부의 무한한 행복이 그칠 줄 모르다가 앞으로 한 30년을 더 살고, 지루하거들랑 그때에 저 하늘의 흰 구름을 타고 신선의 날개를 훨훨 저어 하늘에 오르라고 손을 모아 축수하는 바이다.

감상할 사람이 없어 무의미하게 방치되어있던 아름다운 이곳의 울창한 솔숲은 수림정이 우뚝 들어섬으로서 숲의 아름다움과 고마움을 느끼며 감상해 줄 주인을 찾았다.

그러나 시가 있고, 문자가 있는 고아한 수림정을 자랑할 데가 없어 혼자서만 즐긴다면 초막에서 홀로 사는 것과 다를 바 없을 터인즉, 그것 또한 맥 빠지고, 오히려 외로워질 것이다.

그런데 이 별스런 수림정은 벌써부터 구경하고자 하는 사람이 차례를 기다린다. 주련글씨를 새길 때부터 관심 있는 두 팀이 이미 구경하러 왔을 정도로 벌써 소문이 짝짜그르 퍼져서 호기심이 대단하다.

사람들의 방문으로 구경꾼이 벅신거릴 것이 두려워 귀찮은 나머지 출입을 거절하지만 않는다면, 단순히 호기심 많은 사람들을 비롯해서 시인, 서예가, 서각가, 미술가, 사진동호인 등 다방면의 인사들이 벌써부터 이 희귀한 수림정을 구경하고 사진에 담아두고자 심방을 벼르고 있다.

많은 종형제 가운데 유독 이 동생만은 일찍부터 나와의 접촉이 잦았고, 남달리 자별하여 친근감이 누구보다도 짙다. 형제간의 나이 차가 십여 년이나 지지만 서로 간에 배짱이 맞아 허물없이 지내는 사이로 친구처럼 가깝다.

그 옛날 내가 군에서 제대하고 잠시 부산의 그의 집에서 얼마동안을 지낸 바 있었다. 그때 그는 초등학교 5, 6학년 학생이었고, 그의 눈에는 내가 형이라기보다는 아저씨 정도로 보였을 것이다. 그런데도 무척이나 나를 따랐다. 그는 커가면서 지금에 이르기까지 항상 건강하고, 명랑한 사람이었다.

그의 차를 이용하여 여행도 엄청 자주 다녔다. 전국에 발이 닿지 않은 데가 없을 정도로 비포장도로까지 누비며 다녔다.

내가 젊어서부터 등산을 수없이 많이 다니면서 문화탐방을 겸했듯이 이 고종제와의 여행도 누적된 정신적 피로를 풀 겸 복잡한 도시를 벗어난 문화탐방이 주목적이었다.

주로 1박 2일을 두 가정 네 식구가 동숙하며, 먹고 마시며, 날 새는 줄 모르고 즐겼었다. 다녀와서는 한시漢詩도 지었고, 그 한시를 휘호하고, 표구하여 그의 집에 걸기도 했다.

岫山 수산

2013년 6월 22일 癸巳 梅夏

岫山四顧美人松 수산사고미인송
千樹紫軀自重從 천수자구자중종
禽語淺泉相弄浴 금어천천상롱욕
淸風甁酒散憂慵 청풍병주산우용

幽棲養神不知老　유서양신부지로
巷陌俗緣昨已鎔　항맥속연작이용
鶴髮童顔猶覓道　학발동안유멱도
脩林爽氣爾留胸　수림상기이류흉

우묵 산에 미인송이 사방둘레 가득히
천 그루의 붉은 몸 모두들 자중하네
산새들 조잘대며 얕은 물에 목욕하고
맑은 바람 한 병 술에 근심걱정 흩날린다

그윽한 곳 마음 길러 늙는 줄을 몰라
도시의 속된 인연 이미 다 녹였다고
학발에 동안인데 오히려 도를 찾는
긴 숲속 상쾌한 기운 그 가슴에 한가득

秀林亭 수림정

主山下岫坐堂藏　주산하수좌당장
龍虎疊重案越浪　용호첩중안월랑
山理合當天德地　산리합당천덕지

營宇生氣晚年祥　　영우생기만년상
秀林亭柱章勝絕　　수림정주장승절
洗心臺望洗神爽　　세심대망세신상
深穩松聲世外韻　　심온송성세외운
或聞布穀甚閑康　　혹문포곡심한강

주산아래 감춰진 번듯한 집터에
청룡백호 겹하고 안산 넘어 물결이 인다
집터가 합당하여 하늘 덕 받을 땅에
집을 짓고 생기 돌아 늘그막의 복이로세

수림정 기둥 글씬 문체가 뛰어나고
세심대를 바라보니 정신 씻겨 맑아진다
아늑한 솔바람, 세상 밖의 운치 속에
이따금 들려오는 뻐꾸기 소리 너무나 한가롭다.

5. 온고지신溫故知新

내가 겪은 지옥 불

몇 년 전의 이른 봄날이었다.

아직도 이른 아침이면 논바닥에 살얼음이 덮인다. 하지만 해 뜨기가 바쁘게 마을 노인들의 거름 경운기가 요란한 소리를 딸딸거리며 힘겹게 오간다. 삼사년 전만 하더라도 노인이 바지게를 지고 그 일을 하고 있었다. 그런 자리에 의례 코뚜레에 끌려가는 황소도 동참하고 있었다.

한낮이 되면 따스한 봄볕 햇살에 촉촉이 녹은 논과 밭에서 서너 명의 아낙네들이 쪼그리고 앉아 햇볕이 내려 쪼이는 야들한 풀싹을 보드라운 하얀 손가락을 오물거리면서 쑥을 뜯고, 냉이 캐어 담은 바구니를 이리 끌고, 저리 당기면서 시어머니의 흉을 보는지 희희낙락 수선스럽게 떠들어 댄다.

이 모습을 어릴 적 함흥의 고향 들녘을 그리면서 보고 있노라니 한없이 정겹고 아름다워 보인다.

그 옛날 내가 어릴 적에 집 주변에 수수밭, 조밭, 콩밭들이 많이 있어서 봄이 되면 아이들은 자치기를 하며 놀고 있는 데를 노인들은 삼태기를 어깨에 메어 옆에 끼고 거름용으로 개똥을 줍고, 어떤 이는 땔감으로 콩 뿌리를 뽑아 흙을 털어 담기도 하였다. 그 한 편에 동네 누이들이 봄나물을 캐고 있는 모습을 해마다 보아 왔다. 우리 집 아래채에 살고 있는 새색시라 불리던 곱게 생긴 아줌마도 언제나 그 자리에 함께 있었다.

이렇게 항상 옆에서 보고 자란 터여서 별로 달리 느껴보지 못했던 봄날의 정경을 그 동안의 도시 생활에서 수십 년을 까맣게 잊고 지냈다. 그러다가 전원생활을 한다고 시골에 살면서 실로 오랜만에 나물 캐는 아낙들을 보니 고향 들녘의 정감이 흑백영화처럼 새삼 떠오른다.

우리 연우헌燕牛軒(나의 집 옥호)에서 뒷동산으로 이어지는 왼쪽 산자락에 나이든 우람한 잣나무 세 그루가 하나 되어 소담스럽게 우뚝 서 있어서 그 아래에 있는 나의 전원주택과 어울려 더욱 멋스럽게 받혀주고 있다.

그런데 그 언덕 밑에 마뜩찮게 가시덤불이 심하게 우거져 있어 보기에도 여간 싫을 것이 아니었다. 그 뿐이 아니다. 스산스러워 눈에 항상 거슬리는 데다가 이사 와서 한 해를 겪으면서 보니 설상가상으로 집 주변에 뱀이 출몰하는 끔직한 소동이 여러 차례에 걸쳐 일어났다.

얼마 전에는 뱀 한 마리가 옆집 거실에 까지 들어와 소동 끝에 그 집 부인이 나를 불러 어떻게 처리 좀 해달라고 부탁하기에 나도 무섭기는 하지만 남자 체면에 피할 수도 없고 하여 집게를 들고 뱀을 쫓아 거실을 온통 헤매고 돌아다니다가 냉장고 밑에 숨은 뱀을 가까스로

잡아 비닐봉지에 담아버린 일도 있었다. 그 비닐봉지 속에서 그 뱀은 어디 두고 보자는 듯이 원망스런 빨간 두 눈으로 소름끼치게 나를 노려보고 있었다.

도시에만 살아온 내가 아직 전원 환경에 익숙하지 못해 혹시나 그 뱀들이 출몰하는 본거지가 저 언덕 밑에 흉측스레 얽힌 어둑한 가시덤불 속이 아닐까 하는 의구심이 강하게 일고 있었던 때라 이 가시덤불을 어떻게 처리해야 할까 하고, 혼자서 오랫동안 골똘히 생각하며 고심하고 있었다.

그러던 차에 연우헌 안주인의 기발한 발상이 내 귀에 솔깃하다. 사랑할 수밖에 없는 아내의 말이기에 믿을 수밖에 없었고, 그런 아내의 말이기에 의심 없이 듣고 있자니 지극히 그럴 듯 했다. 이것이 잠시 후에 있을 크나큰 재앙이 될 줄을 그 때에는 미처 생각지도 못했다. 마치 에덴에서 선악과를 따먹으라고 꼬드긴 꽃뱀의 유혹처럼 달콤하게만 들렸던 것이다. 그래서 동조하기에 충분한 말이라고 여겼다.

가로되 “저기 저 뒤엉긴 가시덤불 속이 온통 쑥밭인데 불을 질러 태워 버립시다.” 하고 늙은 얼굴에 억지로 지어낸 서투른 애교로 내 얼굴을 빤히 쳐다본다. 그리 곱지도 않은 그 애교에도 약해지는 나는 하릴없이 홀림에 걸려들었다. 아니 거미줄에 걸린 나비처럼 헤어날 수가 없었다.

이 마님 딴에는 뱀 따위는 조금도 염두에 둔 바 없이 귀하디 귀한 쑥 좀 듬뿍 캐어다가 국도 끓여먹고, 서울 사는 딸네 집에도, 하나밖에 없는 친정여동생 집에도 고루 나눠주고 싶은 마음도 없지 않았을 것이다. 원래 생색내기를 좋아하는 아내인지라 더욱 간절했을 것이다.

사실 서울에 살고 있을 때 쑥국 한 번 끓여 먹고 싶어도 시장에 나가 사먹기가 그렇게 쉬운 것이 아니었다. 쑥이 그렇게 귀한 것으로 여겨졌을 때였던 만큼 혹시라도 있을 후환 같은 것은 뒤로 미루는 데에 그리 어렵지 않았던 것 같다.

나는 이 가시덤불이 억새와 함께 산에 바로 이어져 있는 산자락의 위험지대라서 한참 동안 망설이고 있는데 옆에서 동의를 재촉하는 어설픈 애교가 거듭 이어진다. 이 애교 섞인 달콤한 말을 거절하자니 두고두고 여인의 독이 섞인 후환이 있을 법도 하여 난감함을 접고, 할 수 없이 동의하고 말았다.

나는 쇠뿔도 단김에 빼라고, 지금 당장 올라가자고 했다. 시간이 늦을수록 밤까지 남아있을지 모를 불씨를 염려하여 이번에는 내가 오히려 더 서둘렀다.

담배를 모르는 집이라 집안에 라이터가 있을 리 없다. 언젠가 신사동 어느 식당에서 개업 기념품으로 준 딱성냥을 모방한 성냥을 찾아내어 아내는 희희낙락 올라간다.

나는 삽을 들고 올라가면서 서둘러 불을 지르지 말 것을 아내에게 신신 당부하고 가시덤불이 우거진 언덕위에 올라 불을 태울 지역을 눈짐작으로 우선 경계를 정하였다. 그리고 2미터 남짓한 격리 공간을 확보한 다음 불꽃이 산에 옮겨 붙지 못하도록 흙을 파서 마른 풀을 다 뒤엎어버리고, 그 위에 흙을 또 덮었다.

그렇게 안전장치를 완벽하게 했다고 생각한 연후에 이제 불을 붙여도 좋을 것 같아 불을 붙이라고 했다.

불이 당겨지자 불꽃이 마른 잡초를 태우는데 마치 가마솥에 콩을 볶는 것 같이 타닥 타닥 타닥 소리를 내면서 잘도 탄다. 불꽃은 기세를 부리며 그동안 눈에 가시던 가시덤불을 잘도 태운다. 그 타들어가는 모양이 아주 시원스러워 삼년 묵은 체증이 다 풀리는 것 같은 후련한 느낌을 받았다. 그래서 손뼉이라도 칠 것 같이 좋아했다. 가시덤불 속에 있을 것이라고 생각했던 뱀이 불에 익는 구수한 냄새마저 느껴지는 것 같은 착각이 일었다.

옛날 6·25 전쟁 때에 원통 어느 마을에 우리 부대가 주둔하고 있을 때었다. 빈 집의 돌담사이로 스르르 기어가는 엄청 큰 누런 황금구렁이를 잡은 일이 있었다. 그 구렁이를 우리 분대원끼리 껍질을 벗겨 널찍한 바위 위에서 삭정이 나무를 주어다가 노릇노릇하게 구워서 토막내어 몇 점씩 나누어 먹은 일이 있었다.

집 구렁이는 그 집의 수호신이라 여겨 해치면 안 된다는 소리를 들은 적이 있었다. 그러나 군 보급이 제 때에 이루어지지 못하던 전쟁터인지라 늘 배가 고팠다. 그래선지 그 때 그 뱀을 굽는 냄새가 아주 구수하고 맛도 좋았다. 그런 기억을 새삼 떠올리면서 제법 재미있었다.

나는 삽을 들고, 그래도 날아오는 경계 밖의 불씨를 흙으로 덮고, 삽을 뒤집어 삽 등으로 내리치면서 바삐 돌아다닌다. 예상외로 불똥이 많이 튄다. 좀 전에 재미있던 때와는 완연하게 딴판이다. 나는 땀이 범벅이 된 채 이리 뛰고, 저리 뛰고 하면서 정신없이 불씨가 튀는 것을 막고 있었다.

그런데 이게 웬일인가? 이 거룩한 연우헌 안주인 마님의 기막히고, 참담하고, 이해할 수 없는 거동을….

구경 나온 78세 된 옆집 이씨 노인을 살랑살랑 눈웃음을 치며 나에게 하듯 어설픈 애교로 꼬드기고 있었던 모양이다. 이씨 노인은 선녀 같이 아름다운 옆집 여인의 애교에 그만 넋이 빠져 흔쾌히 응낙하였던가 보다.

이씨 노인의 집 쪽에는 우거진 메마른 찔레넝쿨이 더욱 우북하게 엉겨져 있었다. 그뿐이 아니다. 그쪽엔 키를 넘는 마른 억새가 유난히 빽빽하게 들어선 넓은 지역이다. 그 두 사람은 의기가 상합하여 기왕에 내가 확보해 놓은 격리공간을 넘어선 지역인 그 억새밭에 어느 틈에 불을 질러 놓고는 재미있다는 듯이 천연덕스럽게 웃음 띤 얼굴로 바라보고 있는 것이 아닌가. 그때만 해도 그 두 사람은 공모자다운 시선을 보내며 무척이나 재미있었던 모양으로 무슨 말을 서로가 희희낙락 잘도 하고들 있었다.

그랬는데 그것도 잠시, 불은 삽시간에 허리케인으로 변모하였고, 허리케인은 주변에 깔려있는 바짝 마른 억새를 타고 산 쪽으로 옮겨 붙어 걷잡을 수 없이 타오르고 있다.

불길은 위로 솟고, 뜨거운 열기는 주위의 찬 공기를 빨아들여 눈 깜박할 사이에 용오름 같은 토네이도 현상을 이룬다. 이 토네이도는 키를 두세 배나 높게 위를 향해 솟구쳐 오른다. 화마는 혀를 날름거리며 맹렬히 타들어가고 있다.

"어이구 이를 어쩌나!! 이를 어째!!!"

글자 그대로 화급火急한 지경에 처해 어쩔 줄 모르는 두 집 늙다리 내외 넷이서 사생결단이다. 얼굴은 파리하게 질려 있다가 벌겋게 달아오른다. 이 황황급급한 상황에서 망연자실하여 어떻게 갈피를 잡을 수가 없다.

나는 다급한 마음에 삽을 들고, 억새가 조금 성글게 나 있는 산기슭

위쪽으로 치닫는다. 그리고 지체 없이 삽으로 흙을 파서 억세게 서있는 억새를 눕혀 덮으며 뛰어다닌다. 이렇게 하여 불길의 전도를 막을 방어망을 구축하고 있었다.

아주 짧은 시간에 그 많은 일을 칠십 노인인 내가 혼자의 힘으로 해내야 했다. 숨은 턱에 닿고, 입은 바싹 마르고, 허리가 끊어질 것만 같이 견딜 수 없이 아프다. 팔은 이제 더 이상 움직여지지 않는다. 몸 안에 남은 진이 다 빠져버린 느낌이 든다.

목은 타들어가고, 짚불냄새가 코를 막아 호흡마저 장애를 받아 지칠 대로 지쳐서 그냥 그 자리에 털썩 주저앉고 싶어진다. 그렇다고 잠시도 쉴 수가 없는 형편이다. 아니 쉴 틈이 없이 그 엄청난 일을 내가 혼자의 힘으로 마저 진행해야 했다.

이 일련의 조치는 내 의지와는 상관없이 다급함에서 일어나는 초능력이었고, 순간적인 기지로 행한 동작들인 것 같았다.

그러는 와중에 아래 쪽에서 맹렬하게 타고 있는 불길을 힐끔 내려다보았다. 불길은 순식간에 우거진 억새밭을 휩쓸고 언덕 위 산자락을 향해 위세를 떨치며 타올라오고 있었다. 그 화염의 위력은 상상을 초월한다. 팔열지옥八熱地獄이 이와 같을까? 극열지옥이 이와 같을까? 모두가 극한 지옥에 빠져드는 현상을 연상하기에 어렵지 않은 엄청난 지옥불이 이글거리며 치솟고 있는 것이었다.

그런데 아뿔싸!! 시뻘건 지옥불 속의 검은 그림자 하나!

저건 또 뭔가? 하고 정신을 차려 내려다보니 옆집 이씨 노인이 어쩌자는 것인지 그 불 속 한 가운데에서 맨손을 휘저으면서 정신을 놓고 벙벙하게 그저 왔다갔다 어쩔 줄 모르고 있다.

저 노인이 왜? 왜?? 왜???

불 지른 죄 값으로 차라리 죽어버리자는 것인지, 팔십이 다된 나이로 살만큼 살았으니 이제 그만 죽자고 결심한 것인지, 도대체 그 속내를 알 수가 없다.

이씨 노인이 애초에 불을 지를 때 우리 집 안노인하고 공동 모의한 무거운 책임감도 있었을 것이고, 무엇보다 산불 확산을 막아보리라는 초급한 심정이 교차되어 어떻게 하든 불을 꺼볼 심산으로 불 속에 뛰어들었을 것 같았다.

그러나 아무리 다급하다 한들 아무런 준비도, 대책도 없이 다만 용기? 와 빈손으로 나이 팔십이나 된 노인이 사리를 분별할 여유도 없이 무모하기 이를 데 없는 만용을 과시할 수가 있는 것일까? 바로 밑이 집인데 가서 삽이라도 들고 왔더라면 다소 도움이 되었을 텐데 그냥 무대책으로 불 속을 왜 뛰어든단 말인가?

나는 하던 일을 멈추고 불이 확산되어 대형 화재로 번지는 한이 있더라도 우선 사람부터 살려야 하겠다는 생각으로 지치고 지친 몸을 그 쪽을 향해 내리 뛰었다. 그리고 그 긴박한 상황에 처한 이씨 노인을 재빨리 잡아끌고 이글거리는 불을 뒤로 하고 화염 밖으로 뛰쳐나왔다.

불길은 너무도 뜨거웠고, 내뿜는 일산화탄소에 숨은 막혀 금방이라도 질식하여 쓰러질 갓만 같았다. 그러기를 한참, 그래도 내가 다소나마 적덕한 보살핌이었던가? 아니면 돌아가신 부모님의 보우하심인가? 천신만고 끝에 앞서 삽으로 파놓은 방어선에 막혀 그나마 다행으로 가까스로 불길은 잡힌 듯했다. 봄날인데도 다행히 바람이 없었기에 방어선에서 멈췄던 것이다.

그제서야 그쪽 집 할머니는 땅바닥에 털퍼덕 주저앉더니 나를 향해 원망 섞인 소리로 아이고! 아이이고! 아이이이고! 하는 소리를 목청이 허용하는 최대한의 볼륨으로 65데시벨은 됨직하게 톤을 높여 소리소리 지른다.

자기 영감을 포함한 방화 공범들은 놓아두고, 어찌해서 불을 끈다고 죽을 힘을 다해 애를 쓴 나를 향해, 더군다나 자기 영감을 지옥불 속에서 가까스로 구출해낸 공로가 있는 나를 향해 원망하는지 그 속내를 알 수가 없다. 아무리 무지한들 이건 너무너무 경우에 어긋나는 일이었다.

한숨을 돌릴 사이도 없이 이번에는 이씨 노인이 어슬렁거리며 다가와서 하는 말인즉 또한 기가 막힌다. "신 선생! 나 디어부렀는디! 화끈거려…." 하면서 손등을 내민다. 그 소리에 정신을 돌리고, 자세히 들여다보니 화염지옥火焰地獄, 초열지옥焦熱地獄에서 방금 살아나온 연륜 높은 소방관을 방불케 한다. 얼굴은 시뻘겋게 데었고, 늙어서 쭈글쭈글 주름 잡힌 손등에 온통 물집이 잡혀 통통 부풀어졌다. 진화 작업의 공로치고는 확실한 훈장이다. 아마도 돌아가실 그날까지 영원히 지워지지 않고, 기억하며 살라는 영광의 흉터를 얼굴과 손등에 확실하게 각인한 것이다.

옛날엔 초가집이나 널집들이 많다 보니 집집이 불도 자주 났다. 불이 나면 우물에서 집집이 들고 나온 두레박으로 물을 퍼서 물통으로 나르는 바쁜 손이 고작이었다. 노련한 소방관들이 양쪽에 서서 펌프질을 하면서 물대포를 쏘아대는 한편, 긴 장대 끝에 새끼줄을 엮어 만든 털이개와 장대갈고리를 들고, 불붙은 부분을 털고 찍어 허물어내는 것을 여러 번 보아왔다.

그 당시에는 지금과 달라서 소방기구가 너무나 열악한 상태였기 때문에 소방관들이 직접 불 속에 뛰어드는 일들이 비일비재하였다. 그러다 보니 소방관이 죽는 일도 허다했고, 연륜이 높은 소방관들은 하나같이 얼굴이 항상 시뻘겋게 데어 있을 뿐 아니라 화상 자국이 호두껍질처럼 흉하게 얽어있었다.

이씨 노인의 얼굴이 마치 옛날 그때의 소방관 얼굴처럼 데고 부풀어 있었다. 그쪽 부인은 아이고! 아이이고를 그치지 않고 연발한다. 나보고 어쩌라는 것인지 그 영문을 알지 못하는 나를 힐끔힐끔 쳐다보면서 눈물이라고는 한 방울도 없는 고함으로 그저 소리만 높인다.

그쯤 되고 보니 데어서 아프고, 화끈거릴 이씨 노인보다 이쪽이 한층 더 다급해졌다. 가까이에 병원이 있는 것도 아니고, 내게 차가 있는 것도 아닌 상황에서 어찌할 방법을 모르고 있는데 정신을 돌리고 보니 이번에는 이쪽 할멈이 보이지 않는다.

나는 내심 저 거룩한 우리 집 내당 마님이 일을 저질러 놓고, 겁에 질려 도망이라도 친 것이 아닐까? 하고 두리번거리고 있는데 잠시 후에 바셀린과 거즈를 가지고 나타나더니 이씨 노인의 손등과 얼굴을 묘하게 어루만지면서 약을 발라주고, 싸매주고 하면서 응급처치에 정성을 다한다.

이 위급한 상황에서도 질투심이 발로되었는지 옆집 안노인의 아이고 아이이고! 하던 고함소리가 뚝 그쳤다.

그런가 싶더니 금방 있던 내 집 할멈이 또 없어졌다. 옆집 안노인의 질투를 의식했는지? 아니면 죄책감에 그 자리에 있기가 무료해서였는지 하여튼 없어졌다. 피해보았자 온전히 은신할 곳도 별로 없을 터인데 어디에 숨었단 말인가? 그렇게 내심 생각하고 있는데 한참 후에야 꿀물을 타 가지고 와서 그 노인을 위로한다.

불을 끄느라고 죽을 힘을 다해 지치고 지친 자기 영감인 나는 본체도 아니하고 그쪽만 살핀다. 목이 타기로 말하자면 내 쪽이 열 배는 더할 터이고, 피로감으로 말하더라도 내 쪽이 백 배는 더할 터인데 나는 뒤로 하고 그쪽만 살핀다. 다소 섭섭한 마음이 없지 않았으나 아무튼 그럴 때에는 그런대로 제법이다 싶었다.

이렇게 야단법석을 떨고 나서야 집에 들어오니 그제서야 가슴이 벌렁벌렁 뛰고, 헛기침이 나고, 놀란 가슴이 진정되지 않는다. 이러다가 뒤늦게 까무러치는 일이라도 생기면 어쩌나 싶었는데 이 거룩한 노마님이 미처 미워할 틈도 주지 않고, 또 한 말씀 하시는데 가로되

"여보, 우리 우황청심환 먹을까?"

惶遽 山火 황거 산화 - 황급한 산불

逢春新墅事繁營　　봉춘신서사번영
樹藝初耕別趣精　　수예초경별취정
忽覺艾嘗萌菜覓　　홀각애상맹채멱
奈何香處棘荊縈　　나하향처극형영
悶歎慾氣愚焚却　　민탄욕기우분각
未識迷夢禍厄生　　미식미몽화액생

火勢憤然侵藁葦　화세분연침고위
茫茫怯倒上傳宏　망망겁도상전굉
刹那烈炸晴空散　찰나열작청공산
嗚呼炎煙擴漸橫　오호염연확점횡
阿鼻招牽威八熱　아비초견위팔열
猛焦毒痛耐筋傾　맹초독통내근경
決余必死奔遮止　결여필사분차지
隣老躁狂叫喚聲　인노조광규환성
遑急超危機智敏　황급초위기지민
如塵陰德認鎭驚　여진음덕인진경
吾身僅僅還生嘆　오신근근환생탄
耄叟嚬呻疱患幇　모수빈신포환방
山雀不啼心緖亂　산작불제심서란
但鳩愴曲隱松鳴　단구창곡은송명

봄을 맞은 새 집이라 일손 하 많아
심고 가꿀 재미에 푹 빠져있는데
연한 쑥맛 생각에 여린 싹 찾았더니
쑥 향기 좋은 곳에 가시덤불 얽혔네

한탄하다 욕심 끝에 불 질러놓고서야

몽매함이 화 될줄야 미처 몰랐네
불길은 분연히 마른 억새 덮쳤는데
겁에 질려 멍한 사이 위로 퍼져 오른다

불꽃은 삽시간에 맑은 하늘에 흩날고
오호라 연기 함께 점점이 넓혀나간다
아비지옥이 잡아끌고 팔열지옥 위세로다
지옥고통 열풍 속에 버틸 힘도 바닥났네

사생결단 막아보려 나는 날뛰고
이웃노인 불 속에서 광기어린 지옥소리
다급한 황망 중에 민첩한 기지일고
티끌만한 적덕인지 놀램은 가라앉은 듯

이 몸은 겨우겨우 한숨 속에 되살고
이웃노인 찡그리며 부르텄다 도와달란다
산새는 심란하여 우짖지도 못하는데
멧비둘기 구우구우 솔 그늘에 울어댄다.

방화 후환

봄날인데도 다행히 바람이 없어 산불 확산을 천신만고 끝에 가까스로 막기는 하였으나 그 방화범이 내 집에 숨어 있고, 나 또한 공범임을 부인할 처지가 못 되는 일인지라 그 책임 또한 적지 않아 긴긴 밤을 죄책감으로 잠을 설쳤다.

아랫마을에서 이 산불을 놓치지 않고 올려다 보았을 것은 자명한 일이 아니겠는가? 산불 내고 천덕꾸러기 신세가 되어 마을에서 쫓겨나는 처지가 된다면 하릴없이 들개 같은 신세가 될 터인데 이걸 어쩌면 좋담.

사람의 귀천은 그 처해있는 곳에 따라 결정지어지는 법이 아니던가. 없는 돈에 가까스로 집을 짓고 왔건만 다른 곳으로 쫓겨 가려해도 마땅히 갈 형편이 못되는 처지이고 보니 오호라 슬프고 슬픈지고, 오늘날의 신 선생이 어이하여 늘그막에 이 꼴로 날이 새면 들개 신세던고?

뜬 눈으로 아침을 맞아 불 탄 자리를 다시 한 번 바라보면서 "그나마 이만 하기에 다행이로다." 하며 안도의 한숨을 쉬고, 집안으로 들어와 있다가, 그래도 궁금증이 가시지 않아 잠시 후에 다시 또 나가 보고 있는데, 어!! 저건 또 뭐야! 언제 이런 일이???

하얀 표지판이 그 언덕 밑에 두 장씩 곱배기로 꽂혀 있는 것이 아닌가. 그것도 이 쪽 저 쪽 여덟 군데에 열다섯 개가 검게 탄 자리 앞에 또렷하게 나열되어 꽂혀 있다.

그 내용인즉 '소각금지 산불조심' 그리고 작은 글씨로 '산불을 내면 금고 3년에 벌금 천만 원, 산불 안 내어도 소각행위는 백만 원 벌금' 이라고 그렇게 적혀 있다. 그렇다면 우리는 천만 원짜릴까? 백만 원짜릴까? 그것도 아니면 교도소로 직행하여 구치되는 것일까. 그러나 이 벌금이나 교도소가 문제가 아니다. 그보다도 마을에 미치는 나의 체통이 이만저만이 아니다. 너무나 당연한 귀결이지만 이쯤 되고 보니 또 한 번 가슴 속에서 마구 방망이 치고, 무겁게 철렁 내려앉는다.

나는 이 마을에 이사 와서 좋은 일을 해보려고 그 방법을 놓고 여러 가지로 모색하고 있었다. 그리하여 문화에 굶주린 마을 사람들에게 문화와 정서를 바꾸어 줌으로서 그들로 하여금 가치 있는 삶을 누리는 데 크게 이바지해 볼 생각을 하고 있었다. 그런 차원에서 서예지도 겸 여러 가지의 문화계몽에 열과 성을 다했었다. 그런 까닭에 마을에서 제법 지성인으로 대접받고, 존경받고 있었다. 그랬건만 그 점잖은 처지에 이게 무슨 망신이란 말인가.

나의 경솔한 방화 책임을 직접 말하기가 어려워서 우회적으로 무언의 질책을 주는 이 일련의 조치를 어찌 감당할 수가 있단 말인가? 마을에 대하여 미안하고, 의용소방대에 부끄럽고, 어찌할 바를 모르겠다. 게다가 옆집 이씨 노인은 두문불출이니 어제의 화상의 정도가 어느 정도인지를 가늠하기가 어려워 여간 속이 타는 것이 아니다. 놀란 가슴은 왜 아직도 답답하고, 무겁고, 간헐적으로 벌렁벌렁 뛰고 있는지 모르겠다.

“아뿔싸, 어제 우리 집 거룩한 마님이 우황청심환을 먹자할 때 먹어둘 걸.”

답답한 가슴을 움켜쥐고 하루를 지나니 주말이라 손자들을 데리고 큰 딸이 모란꽃 같은 웃음을 활짝 띠우며 찾아왔고, 다음 날에는 고종사촌이 내려와서 몇 순배의 술잔을 비우고 나서야 이제 그만 잊어보자 하고 마음을 가라앉혔다.

마침 위로 겸, 책망 겸인지 마을 원로인 소봉 옹이 모란과 작약 몇 뿌리를 캐어가지고 올라와서 심어주고, 환담을 나누고 갔다. 그리고 나서야 마음이 다소 풀린 것 같아서 서예교실에 나가 뻔뻔스런 얼굴로나마 태연스럽게 서예교습에 임할 수 있게 되었다. 서예교실은 내가 주선하여 마을 한 복판의 회관 앞에 만들었고, 나는 완전 기부봉사로 40여 명이나 되는 원생들에게 정성을 다해 지도에 매진하고 있던 차였다.

이 엄청난 사건이 이 정도로 마무리된 것도 그동안 내가 마을을 위하여 다소나마 이바지한 데 대한 묵시적인 보상 효과도 있었을 것이라는 생각으로 위안을 받았다.

또한 나의 막내 동생 신재용 이사장이 운영하는 ‘사단법인 동의난달’에서 마을의 270여 명의 노인과 주민들에게 베풀어준 정성 어린 한방 의료 봉사 활동이 크게 작용한 결과가 아니었나 하는 생각도 해보았다.

이 화재가 그만하기가 정말 다행이었다. 만약 불길이 전도되어 산으로 옮겨 붙었다면 어찌되었을까? 산은 온통 새까맣게 타서 앙상한 뼈만 스산스레 남았을 것은 말할 나위가 없고, 입산을 거절하는 도깨비 산으로 변모했을 것이다.

그뿐이랴? 산에 인접한 집집이 피할 수 없는 화재에 노출되었을 것이고, 그 화재에 인명은 그럭저럭 살았을지는 몰라도 집과 가장집물이 모두 타서 재산 상의 피해는 헤아릴 수 없을 만큼 엄청 컸을 것이다. 이 피해를 다 어찌 감당할 수 있었을 것인가? 생각할수록 아찔한 사건이 아닐 수가 없었다.

이 화재사건은 분명 미필적 고의에 의한 방화사건이었다. 따라서 나와 나의 처가 공모하여 저지른 범죄 행위였다. 그런 만큼 응분의 처벌을 받아 마땅한 것이다. 방화 현장에 써 붙인 바 '3년 금고에 천만 원 벌금' 그것이다.

아니 재산상 피해를 보았을 주민들에게는 어찌 감당하고, 어찌 보상할 것인가? 그러한 형벌을 가까스로 면했다 하여 없었던 일로 잊고 있다면 그것은 더 큰 마음의 형벌을 받아 마땅할 것이다. 죽을 고비를 가까스로 넘겼으니 그것으로 죄값을 다 치렀다고 생각한다면 양심의 죄값은 또 어찌 갚을 것인가?

이 방화사건을 계기로 깨달은 바가 너무나 컸다. 이 글을 보는 모든 이는 나와 한 가지로 가슴 속에 깊이깊이 각인했으면 좋겠다.

초목이 울창하게 들어선 산은 분명 생명력이 왕성한 희망을 가져다준다. 반면에 초목이 하나 없는 불모의 산은 저주받은 땅처럼 희망이 없다.

우리 속담에 "극락길을 버리고 지옥길을 간다"는 말이 있다. 잘 새겨 들을 말이다.

현몽現夢 1

1884년 11월, 처음으로 서울 신림동 산비탈에다가 아직 익숙하지 못한 서예 실력이라서 시험 삼아 아주 작은 방을 얻어 조심스럽게 서예교습소를 열었다. 그랬는데 학원 문을 열기가 무섭게 원생들이 몰렸다. 겨우 9평 밖에 안 되는 아주 작은 방에 원생들이 바글거렸다. 서예를 공부하고 싶었던 사람들이 그 동네에 많았던 것 같다.

학원이 워낙 비좁다보니 자리를 좁게 배치했는데도 글씨를 쓰고 있는 동료원생을 옆에서 기다려야 할 정도였다.

그 당시에는 서예가 한참 빛을 볼 때였다. 내가 하는 학원 주변에 서예학원이 없었던 것도 그 이유의 하나였을 것이다. 솔직히 그 당시 나의 서예실력이 사람들이 모일 정도로 이름 있는 서예가는 아니었다. 서예작품 한 장 쓰고, 방서할 때에도 졸호나 이름 밑에 학인學人이나 산인散人을 꼭 덧써야 했을 시절이었다.

그런 실력이었는데도 학원이 비좁을 정도였으니 한참 기가 서고, 오만방자했던 것 또한 사실이었다. 그래서 좀 더 큰 데로 옮겨야 하겠다는 마음이 일게 되었다. 기왕에 옮겨갈 것이면 위치 좋고, 동네가 제법 큰 곳으로 가서 제대로 한 번 멋지게 해보아야 하겠다는 생각으로 싱숭생숭 마음이 달떠있었다.

그렇게 안달복달 참지 못하고 있다가 개원한 지 4년이 미처 못 되었을 때였다.

4월의 따뜻한 봄날 마침내 송파동 뒷골목 사거리에 2층을 얻어 짐을 옮기고, 시설을 확장하여 있는 멋을 다 부려서 한원을 꾸몄다. 설렌 가슴을 안고 관할 교육청에 몇 차례의 걸음 끝에 허가를 내어 '상산서예학원'이라 이름 지어 정식으로 문을 열었다.

신림동 학원보다 네 배는 큰 제법 번듯한 학원이었다. 마을도 컸다. 이제 교습소가 아닌 정식 학원이다. 모범학원이라는 스테인리스 판을 주기에 학원 문 앞에 번듯하게 걸어놓기도 했다.

서예글씨를 쓸 서탁도 꽉 채워 짜 맞췄고, 사무실도 따로 꾸몄다. 먹을 가는 자동기계도 두 대나 들여놓았다. 서예학원 치고는 너무 호화스럽게 꾸며놓았다. 인사동에 있는 서예대가의 학원보다 더 호화로웠다. 그래서 마음이 희떱고, 흐뭇하고, 자랑스러웠다.

그런데 학원을 열고 몇 달을 지났는데도 시설은 좋은데 원생이 찾아오지 않는다. 사람은 자신의 그릇을 먼저 키우라고 했는데 그릇은 좁고 밥상만 큰 셈이었다.

학생 없는 학원을 몇 달 동안 지키기만 한 것이다. 신림동에서는 하찮은 학원이었는데도 이렇지 않았는데 잘못 되어도 크게 잘못되었다.

학원이 아무리 번드레 한들 학생이 없으면 무엇에 쓰랴? 내가 너무 쇠양배양하여 방정맞은 짓을 저질렀구나 하고 후회도 많이 했다. 차라리 신림동에 작은 대로 그냥 그대로 있을 것을 공연한 짓을 했다는 후회가 자꾸 치민다.

가슴은 쓰려오고, 사지가 축 늘어진다. 신림동의 네 배는 비싼 집세는 꼬박꼬박 내야하는데 더 이상 이런 상태로 끌고나갈 여력이 없어졌다. 어찌할까? 학원 문을 아예 닫아버릴까? 하고 망설이면서 심한 고민에 쌓여 있을 무렵의 어느 날이었다. 생전 경험해보지 못하던 꿈을 꾸었다.

물이 유별나게 가득 찬 어느 논길을 나 혼자 한가히 지나가고 있었다. 태양이 작열하는 뙤약볕을 걸으면서 갈증이 심했다. 심한 갈증에 그 논물이라도 손바닥에 한 움큼 바가지로 만들어 듬뿍 떠서 마시고 싶었지만 맑지 못했다. 갈증은 심하여 입술이 바짝 마르고, 목은 점점 타들어간다. 그런데도 그 많은 물을 깨끗하지 못하다하여 마다하고 지나쳐 간다. 혀끝이 갈라지는 심한 갈증을 참아가며 지나쳐 그냥 앞만 바라보고 마냥 걷기만 했다.

물찬 논이 김제 평야만큼이나 좋이 됨직하여 길은 아득히 멀다. 그 긴 길을 타달거리며 한없이 걷고 걷다가 논이 끝나는 장소까지 이르렀다.

거기에 조금 좁은 마당 같은 장소가 있었다. 그러자 마음이 편안해지면서 그곳이 안식처처럼 느껴졌다. 그곳에 맑은 물이 실처럼 방울방울 떨어지고 있는 수도꼭지가 눈에 보였다. 나는 너무나 반가워서 수도꼭지에 입을 대고 혀를 적셨다. 맑은 물이긴 하지만 나오는 물이 너무 적어서 꿀꺽꿀꺽 마시지도 못하고 겨우 입만 축이고 있었다. 그런대로 갈증만은 이제 겨우 풀 수가 있었고, 마음도 안정을 찾을 수가 있었다.

언젠가 꿈을 풀이한 책을 본 일이 있었다. 그 해설에 의하면 물은 돈을 뜻한다고 씌어있었다.

논물이라서 다소 흐리기는 했지만 그 많은 물을 깨끗지 못하다하여 나는 마다했다. 심하게 목이 타고, 입이 마르는 그 처지에 논물이면 어떻고, 다소 흐린 물이면 어떤가. 가물어서 나오지도 않는 맑은 수돗물을 굳이 선택해야 했던 것은 나는 결국 부富가 다가왔어도 흐린 돈이라 받아들이지 아니하고, 청렴하기는 하되 가난할 수밖에 없는 그 길을 스스로 선택한 셈이 되었던 것이다.

젊었을 때 내가 살던 후암동에 독립운동가인 태 선생이라는 분이 계셨다. 내 아버지와 절친한 사이로 그 태 선생 댁에 한 3개월을 기거한 바 있었다. 하루는 태 선생님이 나보고 앞장 서라고 하신다. 그래서 따라나섰더니 귀인상을 지닌 어느 부자 집에 이르렀다. 황해도 개성에 살면서 장사를 크게 하여 돈을 엄청 벌었다는 그 분의 집에 저녁초대를 받았다면서 다섯이나 되는 아들들을 제쳐놓고 나만을 데리고 갔던 것이다.

그 분은 38선이 막히자 약삭빠르게 재산을 수습하여 가족을 몽땅 데리고 바로 38선을 넘었단다. 그리고 후암동에서 제일가는 부자동네에 일본 고관이 살던 집이라는 정원에 수목이 울창한 적산가옥에 여봐란 듯이 살고 있었다.

저녁을 먹으면서 두 분의 이야기를 들었다. 그 분은 자기의 젊었을 때의 이야기를 하고 있었다.

"어느 날 평양으로 봇짐장사를 떠났다. 사리원의 어느 주막에서 잠을 자다가 꿈을 꾸었다. 거센 물결이 이는 강을 건너던 중 갑자기 불어오는 돌풍을 만나 배가 뒤집혔다. 물에 빠져 허우적거리다가 널조각을 붙잡고, 구사일생으로 살아났다. 강기슭에 나와 보니 장사 보따리에 든 물건은 남김 없이 사라지고, 그 보따리 속에 물만 가득 차 있었다." 는 것이다.

꿈을 깨어보니 허황한 꿈같아 그만 잊어버렸는데 그때부터 장사가 상상 외로 잘되어 돈을 수레로 실을 만큼 크게 벌었다고 한다. 꿈에 물은 돈이라 하였다. 그런 돈 물을 보따리 하나 가득 담았으니 인심 좋은 도깨비를 만난 듯 금은보화가 보따리마다 가득가득히 들어올 만하지 않았는가 싶다.

내가 일찍부터 관련되어 있던 한국민족서예가협회에 서예장학회를 설립하여 매 대회 때마다 성적이 우수한 몇몇 학생들에게 서예장학금을 출연하였다. 먹을 것, 입을 것도 제대로 못하는 내 주제에 무슨 장학금이냐? 하고 스스로 반문한 일도 여러 번이다. 극히 적은 돈이긴 하지만 그때마다 아까운 생각이 들지 않는 것은 아니었다. 그러면서도 내 용돈을 줄여서 아주 작은 무엇이고 한다는 것이 그저 뿌듯하고 즐거웠기 때문이다. 조금이나마 아낄 줄 알아야 하는데 이렇게 돈을 모르는 사람이 또 있을까? 하는 생각을 아니하는 것도 아니다.

꿈은 좀 더 이어졌다.

가까스로 목을 축인 그 수도꼭지를 조금 지나 오른쪽으로 몇 발작을 지나자 한 편이 깎아지른 절벽이 있었다. 그 절벽을 깎아 만든 좁고, 험한 돌계단 하나가 있었다. 그 가파른 돌계단을 힘겹게 올라갔다. 거의 다 올라가서 위를 쳐다보니 그 곳에 한옥으로 지어진 그윽하고 근엄하게 보이는 집 한 채가 덩그렇게 서 있었다. 나는 계단 끝에 서서 더 올라갈 수가 없었다. 그 집에서 풍겨 나오는 분위기가 너무나도 엄숙하고 무엇에 짓눌리는 것 같은 두려운 느낌이 들어서 멈칫멈칫 망설이고 있었다.

그래서 오도 가도 못하고 그 자리에 서 있었는데 어떤 아이가 다가와서 아무 말 없이 내손을 잡아 이끌고 올라간다.

그곳에 도장道場같이 넓은 큰 방이 있었다. 그 방 앞에 하얀 문이 열려있었다. 아이와 내가 문 앞 가까이에 이르자 신선 같은 노인 일곱 분이 학처럼 하얀 머리, 하얀 수염에, 하얀 도포道袍를 단정하게 차려입고, 경건한 모습으로 옆으로 쭉 늘어 앉아 있다. 나는 놀라움에 어리둥절할 수밖에 없었다.

나는 잠시 주눅이 들어 주춤하다가 뒤돌아 내려갈까 하고 망설망설하는데 예의 그 아이가 다가와서 나를 이끌고 문 앞까지 올라 도장 앞에 세우고 어디론가 가고 없어졌다.

내가 엄숙한 분위기에 이끌려 도장에 들어가려고 발을 옮기는데, 일곱 분의 신선 같은 노인 분들이 나를 향해 일제히 읍을 하더니 내게 무릎을 꿇은 자세로 두 손을 바닥에 대고, 부처님에게 하듯이 머리를 조아리면서 큰 절을 하고 있다.

이 돌발적인 상황에 나는 어리둥절하여 뒤를 둘러보았다. 혹시 내 뒤에 어떤 고귀한 다른 사람이 서 있어서 그 사람을 보고 절을 하는 것으로 알았기 때문이다. 그런데 뒤를 돌아보아도 내 뒤에는 아무도 없었고, 신선들 일곱 분은 분명히 나에게 절하고 있었던 것이었다. 나는 그분들과 마주 고개 숙여 읍을 하면서 겸연쩍은 마음을 감추지 못하고 도장 안으로 조심스레 발을 옮겼다.

꿈은 그렇게 깨었다.

꿈에 신神이나, 아주 고귀한 사람을 보면 행운이 온다고 하였다.

그 일이 있고 얼마 안 되어 수강생이 하나하나 늘기 시작하더니 혼자서는 감당하기 힘들 정도로 몰려들었다. 학원은 북적거렸고, 글씨체본을 써 주기가 바빴다. 내 주변에 서예학원이 일곱 군데나 있었다. 그런데도 내 학원에만 모여든다.

얼마 전까지만 하더라도 수강생이 없어서 조바심해야 했던 내가 이제 서예학원장들이 견학 오는 시범학원으로 자리매김 하였다. 동료 서예인과 그 밖의 많은 사람들로부터 존경을 한 몸에 받았고, 시범학원이라면서 견학이 끊이지 않았다. 그리고 서예월간지에 대서특필로 사진과 함께 게재되기도 하였다.

그런데 이상한 일이다. 씀씀이가 많았던 것도, 헤픈 것도 아닌데 돈이 모이질 않는다. 그도 그럴 것이 오랫동안 사람에 굶주렸던 때를 생각하면서 수강생들이 조금만 잘 쓰면 모두 장학생이 되어 공짜로 공부하게 하였고, 전국 서예대전에 큰 상을 받으면 사범이 되게 하였다.

돈을 몰라도 너무 몰랐다. 돈을 무슨 벌레라도 되는 듯이 멀리 하고 있었다. 그 대신 사람들로부터 존경은 받을 만큼 받아왔었다. 내가 오히려 송구할 정도여서 몸 둘 바를 모를 때가 많았다.

그때에 꾸었던 그 꿈이 분명 미래의 내 모습을 미리 알려준 것이라고 아니할 수가 없었다.

현몽現夢 2

내가 서울을 떠나 양평 광탄에 자리 잡고 3년째 되던 때였다. 마을에서 기부봉사로 서예를 교습하고 있을 무렵의 이른 여름이었다.

20년 전통의 한국민족서예대전에 출품할 마감일이 7월 25일로 한 달 밖에 남지 않았을 무렵이었다.

그때로부터 약 한 달 전에 3박 4일 일정으로 금강산 관광을 떠나 있어서 서예교실에 마땅히 있어야 할 자리에 선생인 내가 있지 못하게 되었다. 서예교실이 그만큼 맥이 풀리는 것은 당연했다. 따라서 공부도 그만큼 소홀할 수밖에 없었을 것이다.

여행을 다녀왔을 때가 작품 출품 마감이 이제 한 달 밖에 남지 않은 절박한 시기였다. 더군다나 광탄서예교실이 개원되고 두 번째 출품하는 공모전이어서 첫 번째보다는 더 잘 해야 하겠다는 야심찬 중요한 시점이었다. 그러니만큼 아무리 시간을 쪼개어도 모자랄 중요한 시기였다.

그 당시 나의 딸, 사위가 여행 일정을 그렇게 잡아놓았기에 어쩔 수가 없는 일이었지만, 어쨌건 선생인 나의 쪽에서 볼 때 제자들에게 무책임한 것 같아 미안하기 이를 데가 없었다. 그런 뜻에서 나는 몸을 감당할 수 없을 만큼 체력적 능력을 초월해서 제자들의 서예학습과 작품지도에 매진했다.

해가 긴 봄철이라 새벽 5시부터 밤 12시까지 매달려 가르치고 다그쳤다. 제자들의 생업에 지장을 주지 않는 시간대를 이용하야 했기 때문이다. 그들 역시 나와 호흡을 맞추어 눈에 보이게 노력하여 그만큼 실력도 괄목하리만큼 증진되고 있었다.

줄탁동시啐啄同時란 말 그대로의 실천이었다. 이 말은 새가 알을 품고 있다가 깨고나올 즈음에 밖에서는 어미 새가, 안에서는 새끼 새가 동시에 껍질을 쪼고 나온다는 말, 즉 사제 간의 돈독함을 이르는 말이다.

그러던 6월 25일, 먼 동이 트기 전인 첫 새벽에 기억이 생생하고 또렷한 마치 현실 같은 긴 꿈을 꾸었다.

나이가 점점 늙어짐에 따라 벌써 오래 전부터 개꿈 같은 잔꿈이 수도 없이 많았지만 그때그때 기억도 별로 없이 다 잊어버리기가 일쑤였는데 이번만은 꿈의 내용이 너무도 또렷하고 생생하여 마치 현실같이 기억에서 사라지지 않는 심상치 않은 꿈을 꾼 것이다.

신이 내재한 어떤 영감이라고나 할까, 그 꿈이 하도 기이하여 일기에 그대로 적어 두었다.

고 박정희대통령이 현직 대통령으로서 한 명의 경호원만을 거느리고, 조촐한 모습으로 우리 광탄서예교실에 찾아오셨다. 옛날 임금님이 그러했듯이 민정을 살피고자 미복微服차림으로 미행微行에 나섰던 것이다.

작은 농촌 두메에서 많은 사람에게 열심히 서예를 공부시켜 낙후된 지역문화를 향상시키고 계몽하는데 크게 기여하고 있다는 민정보고를 받은 대통령이 이를 가상히 여겨 그 실상을 직접 보고 확인하는 한편, 칭찬하고, 격려하고자 찾아오셨다는 것이다. 따라서 이 사례를 새마을 사업의 일환으로 국정에 반영하고자 하는 것이었다.

나는 대통령의 갑작스런 방문에 놀라움을 감출 수가 없었다. 옛날의 임금님 미행과 이 민정시찰을 결부시켜 보면서 너무나 고맙고, 너무나 영광스러웠다. 황공하여 어떻게 처신해야 할지 몰라 몸 둘 바를 모르고 어리둥절하고 있었다.

대통령께서 "이 나라에 이런 열악한 곳에서 이와 같이 모범이 될 만한 일을 하고 있는 사람이 아직도 있다니 이 나라의 장래가 밝다는 것을 새삼 느꼈소이다." 하시면서 "어려움이 많지요?" 하시고는 손을 내밀어 악수를 청하신다.

지존의 위치에 있는 분이 몸을 낮추어 깍듯이 존대하신다. 나는 송구스러워 대통령의 손을 두 손으로 꽉 잡으면서 고개를 들지 못한 채 "그런대로 힘껏 열심히 하고 있습니다." 하고 응답했다. 대통령의 손에서 포근하고 따뜻한 온기가 느껴졌다. 손바닥에서 아버지의 손에서 느껴졌던 알 수 없는 정이 감지되었다. 나는 그 손을 놓기가 싫어서 될 수 있는 대로 오랫동안 그렇게 붙잡은 채 그 자세로 있고 싶었다.

대통령께서 고개를 돌려 두리번거리면서 우리의 열악한 서예교실 환경을 두루 살피신다. 이때다 싶어 나는 용기를 내어 "각하! 영광스런 방문에 다만 감사할 따름입니다." 하고는 두근거리는 가슴을 억누르면서 "각하의 영광스런 방문을 영원히 기념하고자 합니다. 각하의 휘호 한 장 부탁드려도 되겠습니까?" 하고 어렵게 청하였다. 옛날 서원에서 임금님의 사액賜額을 받는 것 같은 청을 드렸던 것이다. 각하께서는 미소까지 머금은 얼굴로 흔쾌히 응낙하신다. 그리고는 곧바로 앞에 놓인 벼루에다 붓을 고르고 계신다.

나는 기쁨을 이기지 못해 웃음이 입가에서 맴도는 것을 느끼면서 내가 깊이 보관하고 있던 제일 질 좋은 고급 수록화선지를 가져다 드리려고 서예교실 안쪽 캐비닛을 향해 갔다. 그런데 이게 어찌된 일인가? 캐비닛에는 질 좋은 고급 화선지는 고사하고 연습용 화선지조차 한 장도 보이지 않고 텅 비어있다. 수록화선지도 연습용 화선지도 교실 안 아무데도 보이질 않는다. 보이는 것이라고는 원생들이 연습하고 버린 먹 묻은 종이들만이 구석의 노랑 쓰레기 광주리 속에 아무렇게나 구겨진 채 가득 들어 있을 뿐이었다.

그 뿐이가? 방금 전만 해도 고개를 숙인 채 열심히 글을 쓰고 있던 원생들이 다 온데간데 없이 사라지고 교실 안은 텅 비어 있다. 서예교실 안에는 아무도 보이지 않고, 오직 나 혼자 뿐이다. 다들 어디로 갔단 말인가? 너무도 황당하여 등에서 진땀이 흘러내린다.

이번에는 제자들을 찾아 헤맨다. 텅 빈 서예교실은 점점 더 넓어진다. 20평 교실이 30평, 50평, 100평도 더 넓은 큰 공간으로 변했다. 그런데 도섭이라도 부리는 것인지 어느 누구도 없다. 그 넓은 공간에 오직 대통령과 나 뿐이다. 등에서는 땀이 흘러 스멀거리고, 얼굴에서는 구슬땀이 떨어지며 숨이 가빠진다. 자괴심으로 몸 둘 바를 모르고 있는데 마침내 기다리고 있던 수행 경호원이 쌔무룩한 얼굴로 한마디 한다. “각하께서 너무 지루하게 기다리고 계십니다.” 그러면서 겸손하게 재촉한다.

있지도 않은 화선지와 제자들을 계속 찾아 헤매다가 지쳐서 어찌

할 바를 모르고 무죽거리면서 체념하고 오도카니 서 있는데 문득 보니 대통령께서 서예교실 창 바깥의 좁은 시멘트 툇마루에 그냥 걸터앉아서 수행원이 가지고 온 소박한 서민용 도시락으로 점심을 때우고 계신다.

대통령을 모신 영광스런 자리에 따뜻한 점심 한 끼 대접할 기회마저 놓치고 말았다. 보통 손님이 왔어도 이럴 수가 없는데 하물며 대통령 행차에 이렇게 푸대접도 못하게 된 것이 너무나도 겸연쩍고, 못내 송구스럽고, 부끄러워 몸 둘 바를 모르겠다. 못나고 못난 나 자신을 다만 원망하면서 쓸쓸하게 꿈을 깨었다.

꿈을 깬 나는 눈을 감은 채, 한동안 생각에 잠겼다. 이 꿈은 분명히 곰곰이 생각해 보아야 할 영감이요, 사람의 지혜로는 알 수 없는 신의 가르침인 어떠한 계시라고 생각했기 때문이었다. 그래서 며칠 동안을 골똘히 사념에 빠져 있어야 했다. 고대 왕실의 꿈 해몽가가 아쉬웠다.

그 결과 나 나름대로 어떤 결론을 내렸다. 우리 서예교실에 획기적인 무슨 변화가 있을 조짐이라는 확신을 얻게 되었던 것이다. 우리가 애지중지 몸담고 있는 광탄서예교실이 앞으로 상상을 초월하는 큰 빛을 세상에 비추어 이 마을과 사회를 밝게 할 것이라는 확신이었다.

그리고 지나치게 성급한 큰 욕심을 버리고, 순리대로 하라는 경고성 메시지로 여기는 겸손함도 생각해 보았다. 다른 한편으로 출품 날짜가 얼마 남지 않았는데 무얼 하고 있느냐? 화선지 하나 갖추지 못할 정도로 준비가 소홀하고서야 무슨 일을 할 수가 있겠는가? 하는 더 열심히 하라는 질책과 경각심을 일깨워주는 메시지라고도 생각해 보았다. 그래서 제자들에게 꿈 이야기를 해 주었다.

원래부터 나는 기부봉사라는 개념을 아예 잊고 사제가 하나 되어 열중하고 있었다.

첫 새벽 다섯 시부터 밤늦게 열두 시까지 열심히 서예공부에만 전일하고 있는 제자들이었건만 더욱 채찍을 가하여 사랑하는 제자들에게 큰 영광을 안겨 주어야 하겠다는 옹골찬 다짐을 해보았다.

아니나 다를까? 그 꿈의 첫 예지豫知가 들어맞았다.

지난 몇 달을 사제가 하나 되어 노력한 결과가 나타났던 것이다. 그렇게 염원했던 제18회 한국민족서예대전에 최우수상과 우수상, 그리고 특선이 쏟아졌다. 그리고 이어서 우리 광탄서예교실이 KBS 2 TV와 MBC TV 등에 방영되는가 하면 경기일보를 비롯한 지방신문에도 크게 소개되는 영광의 빛을 보았다. 40명이나 되는 제자들은 환성을 올리며 기뻐했다.

이와 같이 영광은 노력하는 자의 몫으로 남는다는 진리를 새삼 체험하였다.

그리고 영광은 오직 어려움을 극복하는 자에게 있다는 것 또한 깨닫게 되었다.

6. 미국의 단면

군상群像

몇 차례의 미국 여행에서 지하전차 한 번도 타보지 못했다. 그래서 일반 버스라도 한 번 타보자고 딸에게 졸랐다. 딸도 맨해튼의 거리가 복잡해서 주차하기도 어렵거니와 버스도 한 번 타보고 싶었던 터라면서 쉽게 동의했다.

아침 8시 30분, 우리 내외와 딸, 사위와 넷이서 뉴저지 포트리 빅토리아의 한가한 거리까지 도보로 걸었다. 거기에 버스정류장이 있었기 때문이다. 버스정류장에서 기다리고 있는 별로 밝아 보이지 않는 백인여자 노인 두 사람과 함께 여섯 사람이 버스에 올라탔다. 버스는 출근시간인데도 시속 3~40킬로미터의 느린 속도로 천천히 달린다. 정류장이 하도 많아 1~2분에 한 번 꼴로 정차하는 완행중의 완행버스, 그 요금은 자그마치 우리 돈으로 환산하여 일인당 2,800원이다. 차도 후줄근한데 요금이 비싸도 너무 비싸다. 그런 면에서는 우리나라는 버스요금도 그렇고, 지하철 요금도 그렇고 미국의 반값 밖에 안되니 서민들에게 있어서는 우리나라가 천국이나 다름없다. 이 완행버스를 타 보고서야 그간 궁금했던 이곳 미국인들의 서민생활상을 어렴풋이나마 엿볼 수 있는 절호의 기회를 얻게 되었다.

버스에는 주로 타는 사람만 있고 내리는 사람은 간혹 있을 뿐 거의 없다. 그것도 그럴 것이 지금이 출근시간인데다 이 버스는 뉴저지에서 뉴욕 맨해튼까지 가는 버스였기 때문이다. 맨해튼을 건너자마자 종점이다. 2,800원짜리 완행버스에 그들과 함께 타고 앉아 정류장마다 타고 내리는 사람을 무슨 구경거리라도 되는 것처럼 세심하게 관찰해 보았다. 수사관처럼 인상착의를 살펴보고, 관상가처럼 마음이 새어나온 얼굴 표정을 살펴보고 있었다. 내 마음속으로는 그들에게 미안한 생각을 가지면서도 부자나라의 후미진 그늘을 자상하게 관찰해보고 싶었다.

첫눈에 일상생활에 찌들어 힘들게 사는 사람들이 주로 타는 버스로 보였다. 물론 아침 날씨처럼 싱싱한 사람도 더러는 있었다. 한 육십대 후반 쯤으로 보이는 여자 노인이 손잡이를 붙잡고 미소도 없이 힘들게 올라탄다. 얼굴의 주름 골이 깊이 파인 쪼글쪼글 깡마른 노인은 차츰 인생의 여백을 지워 나가면서 참혹하리만큼 적막해 보인다. 마치 움직이는 미라 같다. 무슨 언짢은 기별이라도 받고 맨해튼으로 가는 것인지 자리에 앉아 무표정한 얼굴로 차창 바깥만 내다보고 있다.

한 사십대 중반 쯤으로 보이는 부부 한 쌍이 또 올라탄다. 고생 탓인지 여자 쪽이 나이가 더 들어 보인다. 두 사람은 원래 하얀 얼굴인데다가 창백한 하얀 피부를 환자같이 축 늘어뜨리고 앉아있다. 불법이민자인지, 뉴욕에 나가 허드렛일이나 해주러 가는지, 표정이라고는 전혀 찾아볼 수 없이 무신경하다. 아침도 제대로 먹지 못했는지, 부부간에 밤새 싸웠는지, 뉴욕 종점에 내릴 때까지 한 마디의 말도 없이 수심만 가득 찬 얼굴을 하고 있었다.

한 삼사십 년 전에 우리나라에서 미국을 건너간 이민자들도 그랬다. 미국이라는 부자나라를 찾아 무작정 이민을 갔다. 그런데 언어불통에다가 마땅한 일거리가 없어서 고생들 많이 했다. 내 누이동생도 그랬고, 고종사촌도 그랬다. 그 동생들의 지난 날이 이제야 조금은 떠오르는 것 같다.

새벽 꿈이 하 짧기에
근심도 짧을 줄 알았더니
근심에서 근심으로
끝 간 데를 모르겠다.

한용운의 '꿈과 근심'이라는 시에 있는 구절이다.

기름기라고는 하나도 없는 사막 같이 메마른 가슴에다 어설픈 희망을 파종해 보겠다는 가냘픈 생각으로 그래도 움직여 보려고 나서는 많은 군상들이 2,800원씩을 내고 정류장마다 한두 명씩 타고 있었다.

그런 가운데 발랄한 활기찬 아이들도 더러는 탄다. 그 아이들에게서는 빈부의 차이 같은 것이 별로 느껴지지 않는다. 빈부 같은 것에는 아예 관심조차 없는 그냥 아이들일 뿐이다. 이런 군상들이 타고 내리고, 또 타고 내리다가 허드슨강 물 밑을 가로지르는 링컨터널을 건너 맨해튼 종점에 이르자마자 다 내린다. 그곳이 버스종점이었다.

홀란드 터널만으로는 맨해튼으로 밀려들어오는 물동량을 감당할 수가 없자 또다시 링컨 터널을 시공하여 30년에 가까운 긴 기간 동안 숱한 인명피해를 보면서 구축한 수중터널이다. 고무튜브로 터널을 감싸는 공법으로 방수했다는 이 터널은 뉴저지에서 맨해튼을 잇는 교통요충으로서 연간 4천만대의 차량이 왕래하는 세계에서 가장 분주한 터널이란다. 뉴저지에서 이 해저터널을 통과하여 뉴욕 맨해튼에 이른다. 우리 버스도 그렇게 건너갔다.

맨해튼 거리를 이곳저곳 돌면서 걸어 다니는 사람들을 인종시장같이 보면서 걷고 있었다. 오크술통같이 엄청 뚱뚱한 사람이 굴러가듯 뒤뚱거리지 않나, 키가 장대같이 큰 데다 북어처럼 깡마른 사람, 마사이족보다 작은 키의 앙증스런 사람, 백자항아리처럼 창백한 사람과 오지항아리처럼 반들반들 새까만 사람들이 함께 어울려서 거리를 제멋대로 활보하여도 아무도 관심 두지 않는 자유로움을 의아한 눈으로 보면서 다니고 있었다. 팔이 안으로 굽어서가 아니라 우리나라 사람들은 정말 귀골선풍이다.

속옷 코너에 걸려있는 브래지어가 눈에 들어오는데 또 놀랐다. 유치원 아이 둘이서 옆으로 나란히 타고 앉으면 딱 어울릴 것 같아서였다. 저 물건을 걸치고 다닐 그 여자를 한 번 상상해 보았다.

이런 군상들은 또 있다.

뉴저지에 뜻밖에도 한국식 찜질방이 있었다. 큰 중앙 홀에는 바둑판도 갖춰져 있고, 가지가지의 휴식시설이 갖춰져 있다. 둘레에 에스키모의 얼음집을 연상케 하는 움집을 만들어 놓고 움집 이마에 소금 방, 피라미드 방, 등 이름을 붙여놓은 굴 속에서 땀을 흘리면서 목침을 베고 드러눕게 만들었다. 이런 곳에 번갈아 들락거리면서 쉬어가며 시간을 보낸다. 그리고 그 안에서 이발도 하고, 조선족 여러 사람이 경영하는 중국식 발마사지도 즐긴다.

이 휴식 공간에 여자와 남자, 그리고 한국인만이 아닌 흑백을 가리지 않는 다른 여러 인종이 한데 어울려 즐기고 있다. 여기에도 마찬가지로 가냘픈 사람, 뚱뚱한 사람, 키 큰 사람, 짧은 사람, 노인과 어린 아가까지의 온갖 군상이 좁은 공간에 다 모인 인종박람회장 같았다. 그런데 이 많은 사람들에게 힘든 표정은 찾아볼 수 없이 다들 덤덤할 뿐이다. 이 사람들이라고 사는 것이 다 같지는 않을 것이다.

이곳은 모두가 똑같은 값을 내고 들어와서, 똑같은 가운을 걸치고, 똑같은 시설을 드나들면서 누구의 눈치 볼 필요 없이 마음껏 즐길 수 있는 상하귀천이 없는 평등한 곳이기 때문에 그렇다.

비교할 것이 없으면 시샘할 필요가 없고, 비관할 필요도 없고, 욕심낼 필요도, 괴로워할 필요도 없게 된다. 사람은 다 남보다 위에 있으려고 하고, 못하지 않으려고 한다. 그래서 다툼이 생기는 것이다. 이러한 마음이 밖으로 표출되어 각기 희비애락喜悲哀樂의 표정이 달라지는 것이다.

뉴저지에서 제법 규모가 큰 서점에 들렀다. 손자가 클린턴 자서전과 몇 권의 책을 골라들고 계산대에 줄을 섰다. 책값을 지불하는데 여기서도 어김없이 길게 줄을 선다. 줄을 선 사람들을 버릇처럼 유심히 살펴보았다. 평일인데도 낮 시간이라서 그런지는 몰라도 손님 대부분이 노인층이라는데 놀랐다. 60대, 70대, 80대의 남자노인, 그리고 여자노인, 더욱이 90대로 보이는 파파 여자 노인까지도 손에는 한두 권씩의 책은 다 들고 줄을 서고 있었다.

이 분들 모두가 얼굴에 언짢은 기색이라고는 한 군데도 찾아볼 수 없는 세련되고 안존한 성직자 같은 얼굴을 지니고 있었고, 점잖고 선비다운 고상한 기품이 얼굴에 배어 있었다.

서울의 청계천 4,5가에 가면 고서점이 많이 있다. 그곳을 기웃거리고 있노라면 가끔씩 노신사가 수수한 차림으로 책을 고르고 있는 모습을 자주 볼 수 있었다. 나도 그 중의 한 사람이었다. 그러나 이와 같이 책값을 치루는 데 길게 줄을 설 만큼 많은 노인층 독서가가 있다는 것은 상상할 수도 없는 일이었다.

이 한 가지만 보더라도 미국의 노인문화가 얼마나 건전한지 단적으로 보여주고 있는 것 같았다. 이 건전한 노인들이 지금의 강대한 미국을 만들었다는 것을 직감할 수가 있었다.

지금 우리나라 사회에는 연금을 받고 있는 많은 정년 퇴직자들을 비롯해서 다소 가진 것이 있거나 교육을 솔찮게 받은 식자층 중노인들이 많이 있다. 이들 중 일부는 골프여행이나 다니면서 적절치 못한 행위로 사회에 물의를 빚는 비신사적 처사로 나라에 망신을 주는 일을 서슴없이 자행하고 있는 사례가 많다. 또한 전철역 주변이나 공원 등지에 무리지어 앉아서 소주에 취하고, 남녀노인이 어울려 건전치 못하고, 빛바랜 이야기나 새롱거리면서 하루 해를 보내는 노인군상들이 너무나 많다.

우리나라도 지금은 선진국 대열에 들고 있다. 그렇다면 우리 노인들도 이런 한심한 작태의 노인 문화를 바꾸어 미국의 노인들처럼 독서하거나 무엇인가 사회에 도움 되는 일을 하고자 하는 건전한 풍조의 문화로 개선하여야 할 때라고 본다.

센트럴파크와 파고다공원

이번에는 맨해튼 센트럴파크로 향했다.

센트럴파크는 길이가 4킬로미터나 되는 광대한 공원이다.

이 공원은 원래 맨해튼 섬을 도시화 계획을 하면서 설계할 때 공원 전체에 원시림을 울창하게 심어 마치 자연으로 조성된 공원으로 착각하게끔 만들었다. 그리고 습지대와 호수도 함께 만들고 거미줄같이 산책로를 조성하였다. 이것이 "시골에서 여름휴가를 보낼 기회가 없는 수십만의 지친 자들에게 신의 선물인 자연을 안겨주기 위하여" 만들었다고 하는 공원이니 이 공원 안에서 하고 싶은 무슨 일인들 못하겠는가 싶기도 하다.

그러니만큼 이 넓은 공원 안에서는 수많은 사람들이 자유를 만끽하고 있다. 한 50대쯤으로 보이는 흑인 여자 다섯 사람이 성가를 부르고 있다. 옛날 '슬픔은 그대 가슴에'라는 영화가 상영된 바 있었는데 그 영화 속에 흑인 여자가 가슴을 쥐어짜는 그런 영가를 부르는 장면이 있었다. 그 노래를 들으면서 나도, 내 아내도 눈물을 마구 쏟았다. 그 비슷한 영가를 이 흑인 여자들이 부르고 있어서 가슴이 뭉클하였다.

또 다른 곳에서는 흑과 백의 청년들 7,8명이 노래와 춤을 추고 있었고, 한참을 걷다보니 60대로 보이는 4인조 노인들이 기타를 치고, 색소폰을 불고 있다. 장구 메고 한 춤을 추는 사람이 있었으면 더욱 좋았을 텐데 하는 아쉬움도 들었다.

보아줄 사람이 있거나 없거나, 박수 칠 사람이 있거나 말거나 상관없이 최선을 다한다. 이러한 군상들이 수도 없다. 그 넓은 공원이 완전 자유지대였다. 그렇다고 질서가 어지러운 것은 아니다. 난잡한 것도 아니다. 그냥 쉬고, 거리공연하고, 구경하고, 산책하는 그런 자유롭고 한적한 곳이다.

종로2가의 탑골공원을 마음속에 비교해 보았다. 내 얼굴이 화끈하게 달아오를 정도로 너무나 부끄러웠다.

탑골공원에서부터 종로4가의 종묘에 이르는 종로 거리는 온통 노인들의 천국이다. 아침부터 저녁까지 구름같이 모여든 노인들이 이곳저곳에 옹기종기 모여 어설픈 정치 이야기를 입에 침을 튀기며 열변하고 있는가 하면, 그저 한가롭게 시국담이나 하는 노인, 화투장을 힘껏 내리치면서 눈알이 벌겋게 상기되어 있는 노인들, 소주병을 기울이며 고개를 푹 숙인 채 구슬픔에 잠겨있는 노인들.

추잡한 음담패설을 재미있다고 시시덕거리는 주책없는 부박浮薄한 남녀노인들, 이러한 노인들이 오늘 하루를 그렇게 보내다가 다음 날에 또 이어져야하는 맥 빠진 여생을 한숨으로 보내고 있는 것을 매일같이 보게 된다.

그런 가운데 노인천국의 그곳 화장실을 비롯한 여기저기에 최음제 광고지가 지천으로 널려있다.

용돈이 넉넉한 어떤 노인이 자신의 것이 물간 개불처럼 거무축축 처져 있어 고민 끝에 정말 진짜인 비싼 비아그라를 침대 앞에서 먹었단다. 그런데 좀 있다가 가슴이 뛰고 어지럼증이 일어서 바람을 쐬려고 밖에 나왔다가 정원수를 붙든 그대로 앉아서 숨을 거두었단다. 그런 이야기를 거침없이 떠들어대면서 비굴한 웃음을 비릿하게 웃는 노인도 있었다.

백수잔년에 무슨 그렇게까지 황당한 일을 겪어야 했는지 섬쩍지근하지 않을 수가 없다.

늙었어도 하늘이 준 인간의 기본 권리는 찾아야 하겠다는 그 심정은 동정이 간다지만 오줌발이 발아래 한 치를 벗어나지 못하고, 축 늘어져 거무축축 물간 지 한참을 지난 개불 같은 그것을 그동안 써먹을 만큼은 다 써먹었기 때문이라는 것을 잊고 있은 것 같다. 그것이 자연현상라고 한 번 생각해 보았더라면 비명횡사까지는 이르지 않았을 터인데 매우 측은하고, 안타까운 일이 아닐 수가 없다.

또한 그곳에는 다 늙어빠진 창녀 할멈이 400여 명이나 있다고 한다. 화대는 나이와 생김새에 따라서 값이 달리 매겨진다는데 60대 후반에 접어들면 몸값이 3, 4만 원 정도로 거의 공정가격같이 매겨져 있다고 한다. 70대에 이르면 단돈 1, 2만원이면 화대로 충분하다고들 한다. 그런데 얼굴이 다소 반반하면 흥정이 달라지는 모양이다. 닭은 벼슬을 보자는 것이 아니고, 알을 얻자는 것일 터인즉 인물은 따져서 무얼 어찌하려는 것인지.

하기야 이제 더 이상 늙을 곳이 없이 흐물흐물 늘어진 물건에 못이 박혀 군살까지 더덕더덕 붙어있을 그것에 화대라니 가당키나 할 일이던가. 시르죽고, 힘에 지쳐 파근하게 늙은 노인 창녀들을 상대로 마치 늙은 돼지를 암구는 것 같은 그 짓이 어느 때쯤에나 사그라질 것인지를 가늠할 수가 없다.

그럼에도 찾는 남자 노인들은 행여 옛날 가인佳人의 옥문玉門쯤으로 기대하고, 살맛을 느껴 보고자 이끌리어 가는지 모르겠다. 그러면서도 한편 겁이 나서 그 가운뎃다리에 고무장화는 꼭 신긴다고 하니 병에 걸리기는 조심스러웠던 모양이다. 그래도 산전수전 다 겪은 노인이라 '색불근신병후회色不謹愼病後悔'라는 주자십회훈의 한 줄 쯤은 알고 있었던가 보다.

바람둥이의 기본 조건이 노소불구요, 청탁불문, 미추불문에 귀천불구라고 하니 차라리 마을 어귀에 세워놓은 지하여장군地下女將軍이나 마음 놓고 끌어안고, 그 찢어진 큰 입에 입을 맞추는 것이 시비할 일 없어 백 번 나을 뻔 했다.

수즉다욕壽則多辱이라 하더니 이런 경우를 들어 하는 말인가 보다.

그 가엾은 노인들의 이러한 행락을 훼방하면서 쫓는 사람도 있으니 추잡한 그들의 자유도 그리 순탄치는 않는가 보다. 경찰서에서는 그들을 열심히 단속하고 다니는데 남자 노인들은 불쌍타고 대개 그냥 훈방조치 하고, 창부들은 아무리 늙었어도 호객행위로 남자를 유혹했다는 죄목으로 처벌하는 모양이다.

돈 그릇이 되는 거지 모자

잘 사는 국민 속에도 가난은 있게 마련이고, 배가고파 허기진 계층도 있는 법이다. 그러고 보면 세계의 중심도시요, 세계 최대의 도시 뉴욕 맨해튼에도 고층빌딩의 상점가 앞이나, 브로드웨이 극장가 주변, 월가의 증권거래소의 청동 황소 조각상 앞에도, 그리고 크고 작은 공원에 미국거지가 모자를 벗어 앞에 놓고 쭈그리고 앉아 있는 것을 여러 번 보았다. 그런데 나이 먹은 늙은 거지는 보이지 않고, 중장년층 거지만 있었다.

관광객을 태우려는 역마차가 말과 함께 대기하고 있는 센트럴파크의 넓은 정문 앞에도 뙤약볕 아래에 모자를 벗어 뒤집어놓고 앉아있는 미국거지가 여기저기 몇 명이 흩어져 있었다. 그들은 동정어린 슬픈 눈으로 젊은 여자와 노인 부부의 동정을 구하는 지혜도 있는 듯 보였다. 모자 속에 1불짜리 돈이 몇 장씩 들어있었다. 십 불짜리 큰 돈은 손님들이 인색해서 못 얻었는지, 그렇지 않으면 어떤 힘센 자에게 빼앗길까봐 주머니 속에 넣었는지 보이지 않았다.

우리나라에 산재하고 있는 노숙자와 비교해 보아 부자나라의 미국 거지라 하여 별로 나을 것이 없었다. 그쪽 거지나, 이쪽 거지나 거지는 거지로 매한가지 거지였다.

양평의 광탄마을을 주 무대로 왔다 갔다 하는 개똥이라는 노숙자가 있다. 본명을 신윤식이라 하는 그는 주제꼴이 꾀죄죄해도 주민에게 절대로 혐오감을 주지 않는다.

젊어서 계모의 학대로 인한 울분을 못 이겨 가출하고부터 환갑을 넘은 지금까지 40여년을 흑천黑川에 머리감고, 천변의 벤치에 앉은 채 어리마리 졸며 이슬 젖는 밤을 새운다. 그는 여름이나 겨울이나 같은 옷을 일 년 내내 그대로 입는다. 때가 절어 자릿내가 물씬 풍겨도, 겨울에 추워도, 여름에 더워도 그 한 가지만 그대로 입고 다닌다. 그 옷이 외출복도 되고, 잠옷도 되고, 비옷도 되어 편리한 모양이다.

그러면서도 치사하게 구걸하지 않는다. 착한 그에게 마을 사람들이 동정하여 얼마씩 쥐어준다. 나도 만날 때마다 그렇게 했다. 마른 라면을 그대로 씹어 먹고, 겉봉지에 스프를 넣고 물을 부어 휘휘 저어서 국물로 마신다. 주로 그렇게 허기를 때운다.

그런 그에게 나는 다가가서 물었다. 행복할 때도 있느냐? 여자 생각도 날 텐데? 하고. 그랬더니 추운 밤을 벤치에 앉아서 졸다가 새벽 동틀 때를 즈음하여 자판기에서 따끈한 커피 한 잔 뽑아먹을 때가 가장 행복하단다. 그러면서 나도 사람인데 왜 여자를 모르겠느냐면서 그럴 때면 내 손이 약손이라고 스스로 해결한단다.

하기야 비루먹은 개도 수캐라고 뒷다리 들고 오줌 싸는데 진종일 싸다니다 보니 아랫도리는 누구보다 튼실하고, 기운차서 빽 하면 주책을 부릴 텐데 어찌 억제할 수 있으리. 그러나 그는 거지이기에 이 순박한 행복도 자주 할 수 있는 처지가 못 되니 가엽고 측은할 뿐이다.

한센병 환자였던 한하운 시인은 손가락, 발가락이 떨어져나가면서도, 쓰레기통과 나란히 앉아 있으면서도, 그놈은 살아 꿈틀거리더란 시를 읊은 바 있었으니 사람이 죽거나, 늙어지기 전까지는 계속될 수밖에 없을 자연의 생리현상을 거지라고 외면하겠는가?

黑川 犬糞 흑천 견분 - 거무내의 개똥거사

黑川盥櫛亦猶强　　흑천관즐역유강
露宿霧餐旣日常　　노숙무찬기일상
枯草飄然聽霎雨　　고초표연청삽우
野禽歸樹拂身頏　　야금귀수불신항
今宵寒骨將深浸　　금소한골장심침
誰授溫堪飮一觴　　수수온감음일상
蓬髮風塵霜已戴　　봉발풍진상이대
旣超浮世曷爲彰　　기초부세갈위창

거무내에 양치하고 머리 빗어도 외려 강건하고
노숙하며 안개 먹어도 그런 것 일상일이라
마른 풀 나부끼는 곳에 스산한 겨울비 소리

들새도 둥지로 돌아와 몸을 털며 오르내린다

오늘밤도 한기가 뼛속 깊이 스며들 텐데
누가 한잔 술 주어 따뜻이 견디게 하여 줄까나
더부룩한 머리는 풍진에 서리가 얹혀
덧없는 세상을 초월했거늘 무엇 더 바라리오.

한 20년쯤 전에 잠실 전철역 계단 중간에 점포처럼 자리를 깔고 앉아 하루 종일 구걸하는 장님거지가 있었다. 앞에는 동전이 들어있는 스테인리스 대접이 놓여있다. 대접에 떨어지는 쨍그랑 하는 돈 소리를 들으면 얼른 만져본다. 큰 것이냐 작은 것이냐를.

내가 출근할 때도, 퇴근할 때도 그 자리에 늘 있었다. 비올 때나 눈올 때에도 그 자리에 있었다. 나도 주머니에 동전이 있을 때면 쨍그랑 소리를 냈다. 하루는 퇴근하면서 쨍그랑 했는데 지나가던 사람이 "저 장님이 첩이 있대요." 한다.

미국 거지는 돌아다니다가 출출하면 아무데고 모자만 벗어 앞에 놓으면 되는 단순성 일일거지인데 비해 이 장님거지는 첩을 거느리며 떵떵거리고 사는 직업형 거지인 것이다.

몇 끼를 굶어도 태평한 거지가 있었다. 당나라 시대의 시성詩聖 이백이나, 두보도 발경鉢耕하며 시를 지었다. 어쩌다가 시를 함께 논할 인사를 만나면 술과 고기를 얻어먹을 수가 있었다. 재수가 좋은 날이면 따뜻한 방에서 잘 수도 있었다. 그런 생활을 하면서도 전국을 유람

하며 산수의 아름다움에 취했고, 곳곳의 인정에 환멸의 비애도 느꼈다. 고향에 처자식을 두고도 그렇게 살았다.

그렇게 살면서도 그들에겐 나라를 걱정하고, 인간사회를 걱정하고, 여인이 아름다우면 애정을 느꼈다. 그와 같은 것을 시를 지어 세상에 남겼다. 그들이 사회에 남긴 문학적 자취는 엄청나다. 시어에 내재된 역사적인 기록도 빼어놓을 수가 없다. 세상의 누구도 따를 수 없는 업적을 후인에게 남겼기에 그 시인을 시성이라 부르는 것이다. 거지는 거지인데 이렇게 격이 다르다.

200년 전 우리나라의 김삿갓도 이백이나 두보와 비슷한 발경 시인이었다. 발경은 사발농사라는 뜻으로 거지를 고상하게 부른 이름일 뿐이다.

뉴저지에 있는 매장인데 이름을 '가든 스테이트 플라자'라고 하는 쇼핑센터다.

이 세상에 없는 물건도 많으련만 이곳에서는 없는 것이라고는 아무것도 없는 것 같다. 그 물건만큼이나 사람도 많다. 한국 사람도 많지만 세계의 180개 나라의 인종이 다 모인 것 같다. 마치 인종박람회에 구경 온 것 같은 착각을 일으킨다.

그렇게 흥청거리고 잘사는 그곳에도 돈 그릇이 된 모자를 벗어 앞에다 놓고 앉아있는 텁수룩한 비교적 젊은 미국거지는 있었다.

세계에서 제일가는 부자나라에서 모자를 벗어놓고 앉아 있는 그 젊은 미국 거지에게 물어보고 싶었다.

"최소한 인간답게 살려고 노력해 보았는가?" 하고.

게이들의 프라이드 퍼레이드

차는 맨해튼 거리의 낡은 빌딩 아래층에 있는 주차장에 세워놓았다. 그리고 거리로 나왔다.

걷다보니 배가 출출하여 미리 얻어놓은 정보대로 차이나타운의 명성 있다는 전통 중국 음식점을 찾아들었다. 명성만큼 기대도 했다. 그랬는데 낯선 음식인데다가 먹을 줄을 몰라서인지는 몰라도 이건 너무 아니다. 중국음식 특유의 냄새가 역겹게 후각을 자극한다. 그래서 술을 좀 달랬더니 배갈도 모르고, 고량주도 모른다. 요리용이라면서 한 잔 내어오기에 마셔보았더니 마치 생고등어를 헹군 물 같은 비릿한 냄새가 돌면서 구역질이 확 치민다. 그것조차 입맛을 버렸다. 에이! 잡쳤다.

"양갱羊羹이 수미雖美라도 중구衆口는 난조難調로다"(양고기 곰탕이 제 아무리 좋다고 하나 뭇 사람의 입맛에 다 맞을 수는 없다는 뜻)라 하였으니 다른 사람들의 입맛에는 어떠할지?

차이나타운에 인접해 있는 '리틀 이탈리아' 거리에서 인형같이 인상 깊게 생긴 젊은 여주인이 경영하는 전통 이탈리아 찻집에서 카푸치노

커피 한 잔으로 조금 전에 먹었던 중국 음식으로 비릿한 입을 말끔히 가시고 다시 걷기 시작했다.

섭씨 35도, 그래도 무덥지 않은 뙤약볕을 제자들이 사준 검은 안경을 요긴하게 쓰고, 맨해튼 거리를 도보로 구경하고 있었다. 볕은 따가울 망정 습도가 낮아 그렇게 짜증스럽지는 않은 날씨다.

세계적인 미술의 거리에 끝도 없이 이어 전시하는 가두의 미술품들을 감상하다가 '그리니치 빌리지'의 그림 같은 거리에서 건물 모두가 예술품인 고층빌딩을 고개를 90도로 저치고 감탄하면서 걷고 있는데, 그 동내가 바로 게이들의 본고장이라고 한다.

때마침 게이들의 '프라이드 퍼레이드'의 요란한 행진과 마주치게 되어 꼼짝없이 갇혀있을 수밖에 없었다.

아침 11시부터 시작했다는 이 진풍경한 행렬은 제각각의 소속대로 특색을 띠는 괴상망측한 독특한 쇼를 펼치면서 행진하고 있다. 넓은 자동차도로에 차들은 통제되고, 그들로 꽉 채운대로 계속 이어지고 있었다. 도로의 양 옆의 인도에는 구경하는 사람들로 빈틈이 없었다. 우리도 그 속에 있었다. 구경을 그만두고 가려해도 갈 길이 막혀 옴짝달싹 할 수가 없어 그대로 지켜보지 않을 수가 없었다.

따가운 볕이 내려 쪼이는 한 낮이라 뜨겁기도 하련만 그런 것은 아예 문제도 되지 않는 모양이다. 거의 대부분의 게이들이 아슬아슬한 나체에 각가지로 문신한 자들이고, 머리를 아주 박박 밀거나, 어느 부분만 갸름하게 남기고 면도로 밀어붙인 자들도 있다.

핑크색의 야한 팬티를 하나만 몸에 찰싹 붙여 입고 그 물건을 얇은 팬티로 가리기는 했어도 겉으로 울퉁불퉁 노출시킨 자들의 한 그룹이 지나갔는가 하면 걸어가면서 일부러 바지를 내리고는 엎드려서 그리

곱지도 않은 엉덩이를 홀라당 까고, 더위에 축 늘어진 아래망태기를 살짝 노출시키는 자, 누구에게 보내는 키스인지 받아줄 사람도 있을 것 같지 않은데 연신 두 손을 입에 대었다가 그 손바닥을 펴서 누구에겐가 후 불어 보내는 자들의 행진이다.

이들은 너무나 흥에 겨워서 마음이 가라앉지 않고 달떠서 어찌할 바를 모르고 발광한다. 이런 철딱서니 없는 오사리잡놈 같은 자들을 바라보자니 나까지 함께 미치는 것 같다. 하지만 그렇거나 말거나 그런대로 보고 있노라니 꼴사납지만 재미는 있었다.

앞과 옆에서 남자는 남자끼리, 여자는 여자끼리 행진하는 무리들 틈에서 서로가 쭉쭉거리면서 애무한다. 유방은 노출되고 새빨간 꼭지 끝에다 손톱만큼 한 크기의 같은 색 스티커를 붙이고 다니는 여자, 몸 전체에 문신으로 옷을 대신한 자, 옷이랄 수 없는 별의별 희한한 차림의 그들 어지자지들. 백지처럼 하얀 남녀, 몸에 옻칠을 한 것처럼 반질반질 검붉은 피부의 여자와 남자, 피부색 같은 것에는 전혀 의식하지 않는 자들이 온갖 지저분한 짓을 거침없이 자행하는 남녀추니들의 행진이다.

이렇게 별난 짓을 다 하면서 장장 여섯 시까지 이 행렬이 이어졌다. 우리는 그 행렬에 길이 막혀 부득이 그 자리에 서서 구경할 수밖에 없었다.

이것이 그들 자신에 대한 사회적 편견, 그리고 자신들에 대한 차별대우 철폐와 자신들의 권익을 주장하는 소위 인권운동의 기념행진인 동시에 동성결혼을 인정하라는 압력행사라고 한다.

해마다 이어지는 이 망측한 행사가 결국 빛을 보아 미국의 네바다 주와 아이다호 주를 기점으로 지금은 미국의 절반이 동성결혼을 합법

적으로 인정했다고 한다. 그 이유인즉 동성결혼을 금지하는 것은 평등권을 규정한 헌법에 어긋난다는 것이다.

그들의 처지를 놓고 볼 때 동정이 가지 않는 바는 아니나 그렇다고 태어날 때부터 생식 기능을 상실한 어지자지를 결혼하라고 부추기는 것은 헌법에는 어쩔지 모르겠으나 자연법칙에 어긋나는 행위라 아니할 수 없다.

지구상에 오직 하나만 있는 부러움의 도시요, 모범의 도시요, 영원의 도시라고 생각했던 그곳 맨해튼에서 너무도 황당한 관경을 보게 되었다.

이것이 우리나라가 아닌 것이 다행일 뿐이다.

미국 독립기념일

뉴욕의 상징인 자유의 여신상은 맨해튼의 최남단에 있는 배터리파크 앞바다의 아주 작은 리버티섬 위에 우뚝 서있다. 이 여신상은 높이가 46미터이고, 해상에서의 높이는 좌대를 합쳐 무려 91미터나 되는 거인인데 오른 손에는 횃불을, 왼손에는 독립선언서를 들고 있다. 여신상 이마의 머릿속에 전망대가 시설되어있을 정도의 크기로 자유를 상징하는 거대한 여신상이다. 미국의 독립에 협력했던 프랑스가 1884년에 미국의 독립 승인 백 주년을 기념하여 프랑스 국민이 미국에 선사한 소중한 선물이다.

자유의 여신상에는 다음과 같은 글이 새겨져 있다.

"지친 자여! 가난한 자여! 자유를 갈망하는 모든 자들이여! 모두 내게로 오라."

미국의 관문인 뉴욕은 자유의 여신상을 앞세워 세계의 모든 인종을 이렇게 불러들이고 있다.

당시 세계를 지배하고 있었던 유럽의 강대국들이 뉴욕을 교역의 거점으로 하여 차츰 도시로 성장해갔고, 뉴욕에 사는 모든 사람은 이제 모국을 잊어버린 뉴욕인으로, 미국인으로 자리 잡게 된 것이다. 그렇게 해서 이룩된 미국인들은 당시 뉴욕을 지배하고 있던 영국군을 독립전쟁으로 추방시키고 의회를 세웠다.

그리고 당시 미국의 군 사령관이었던 조지 워싱턴 장군을 국민들이 미국의 초대 대통령으로 추대하여 미국을 통치하게 하였고, 미국은 이제 어엿한 국가로서 독립하게 된 것이다.

이 날이 230년 전 1776년 7월 4일 미국인들이 프랑스를 비롯한 여려 나라의 협조를 얻어 영국으로부터 독립을 쟁취한 날로서 미국의 독립기념일이 바로 오늘이다. 그 기념행사의 일환으로 불꽃놀이가 있는데, 기념행사 중의 으뜸 행사가 이 불꽃놀이라고 한다.

딸의 집이 허드스강 건너 기슭의 숲이 우거진 언덕 위에 위치하고 있어서 맨해튼의 마천루를 비롯한 초고층 빌딩들이 한 눈에 보이는 곳에 있었다. 우리는 해가 떨어지기를 기다려 미리부터 베란다에 약간의 음식과 와인을 준비하고는 나가 앉아서 불꽃이 터지기를 기다리고 있었다.

허드슨강 건너의 맨해튼 번화가에 끝이 뾰족한 102층짜리 ‘엠파이어스테이트 빌딩’을 비롯한 마천루 숲이 마치 아라비안나이트의 요술램프에서 방금 나온 것처럼 소복하게 모여 있다. 밤빛은 더없이 휘황하다.

워싱턴브리지의 파란 불빛이 현수강懸垂鋼에 매달려 축 늘어진 아래의 푸른 허드슨강에 휘황찬란하게 불을 밝힌 큰 유람선이 유속이 느린

강심에 떠서 서서히 흐른다. 배 안에서는 노래방을 방불케 하는 요란스런 음악을 둥둥 쿵쾅거리면서 불꽃놀이를 기다린다. 불꽃놀이 시간대를 맞추어 맨해튼을 걸쳐 불꽃놀이의 주 무대인 자유의 여신상을 향해 흘러가는 모양이다.

이 불꽃놀이는 나흘 전부터 예행연습을 요란하게 했었다. 그런데도 시원하게 터지지 못하고, 하늘에 오르기도 전에, 꺼진 성냥불처럼 싱겁게 사그라지는 것이 많다.

시간이 가까워지자 뉴욕 전 지역에서 산발적으로 색색의 불꽃이 터지고, 콩 볶는 소리, 따발총 소리가 요란하다. 베란다 밑 잔디밭에서는 반딧불이가 놀라서 이리 날고, 저리 날면서 노란 불을 깜빡깜빡 밝힌다.

저녁 9시 20분, 예고된 시간이 되자 본격적인 불꽃놀이 행사가 시작되었다. 맨해튼 한 복판의 고층빌딩 숲이 번쩍하고 오색불꽃이 화려하게 일더니 우람한 굉음을 터트리며 화산 폭발이 일어난다. 한군데에 집중적으로 수백, 수천 개가 한꺼번에 계속해서 터진다. 맨해튼이 불바다를 이루었고, 시가지가 대낮 같다. 형형색색의 엄청난 불꽃이 다발 져 하늘을 향해 솟구쳐 올랐다가 제 한껏 활짝 밝히고 나면 하나님의 입김인지 그대로 삭으라진다. 마천루에 찬란하던 불빛은 본래의 빛을 잃고, 휘황찬란한 불꽃만이 맨해튼 전 지역의 밤하늘을 덮어 씌운다.

그것도 잠시, 금방 시커먼 화산연기가 빌딩 숲을 엄습하더니 맨해튼의 마천루 전체가 분출되는 화산재에 다 묻혀버리는 것 같다. 불꽃이 터지는 굉음은 계속 되는데 시커먼 연기에 가려 화려한 불꽃은 극치를 점차 잃어가고, 시커먼 연기만 무서운 속도로 맨해튼을 휩쓸고, 고층

빌딩 숲을 완전히 삼켜버린다. 그리고 허드슨강까지 덮어버린다. 강심에 떠있는 유람선은 시커먼 연기에 자취를 감추면서 짙은 화약 냄새만 뱉어내고 있다. 그 매캐한 냄새는 허드슨 강을 건너 이곳 뉴저지까지 밀려와 휩쓸고 있다.

그러기를 한 30분, 맨해튼은 이제 맨해튼일 수가 없다. 칠흑 같은 암흑 속으로 묻혀버린 맨해튼에 굉음도 이젠 거의 멎었다. 그런 가운데 산발적인 불꽃은 도시를 분간할 수 없는 암흑을 피해, 먼데서, 가까운데서 아쉽다는 듯이 간헐적으로 계속되고 있다.

맨해튼 남단의 배터리파크 앞 바다에는 여러 척의 바지선이 한데 묶여 있다. 마치 적벽전에 주유의 연환계로 조조가 수백 척의 배를 묶어놓은 것처럼 바지선을 널찍하게 엮어 놓고 그 위에서 대 규모의 불꽃행사를 늦게까지도 계속하고 있다. 자유의 여신상이 미소를 지으면서 내려다보는 가운데.

다만 허드슨강을 따라 한참을 올라온 우리 딸의 집 베란다에서는 화약 냄새만 매캐한 가운데 아쉽게도 아득히 멀리 보이고 있을 뿐이다.

메인의 바다가재

아일랜드 귀족의 후예 패트릭이 우리 조카 영아와 결혼하여 행복하게 살고 있는 곳이 '메인'이다. 메인은 미국 최 동북부지방에 위치한 해안휴양지로 이름난 곳이다. 부자父子가 2대에 걸쳐 대통령을 지낸 명문인 부시 가의 별장도 그곳에 있었다.

영아의 어머니가 나의 셋째 여동생이다. 우리가 모처럼 미국에 왔는데 영아가 사는 메인을 한 번 구경시켜 주겠다며 매부가 우리를 태우고 아침 일찍 뉴저지를 떠나 메인을 향해 고속도로를 140으로 질주하였다. 그렇게 달렸어도 뉴저지를 떠난 지 6시간 만에야 영아가 사는 집에 도착했다. 조카 영아가 반기고, 조카사위 패트릭이 껴안는다.

메인이 미국의 최북단이라 그런지 6월인데도 으스스하게 한기가 느껴진다. 인구 약 3만여 명의 자그마한 해안의 휴양도시에 36세 약관의 조카사위 패트릭이 벌써 두 번째의 이곳 시장에 선출되어 열심히 집무하고 있다. 그는 원래 부지런하고 성실한 신사로서 회계사 일을 겸직하고 있다.

패트릭이 명문가의 자손이라지만 우리 조카딸도 괜찮은 집안의 딸이다. 영아의 부모는 두 사람 모두 서울에서 고등학교 교사를 지낸 학덕을 지닌 사람들이다.

휴양도시답게 대를 이어 물려받은 150년 된 본채 건물 말고도 방갈로 10여 채가 앞뜰 이곳저곳에 산재되어있는 모텔을 영아가 남편의 도움을 받아가며 버겁게 운영하고 있다. 이곳이 아름다운 휴양도시다 보니 아이들을 앞세운 가족단위의 휴양객이 자주 찾아든다고 한다.

혼혈인 연이, 나리, 두 딸을 키우면서 아주 행복하게 잘 살고 있었다. 조카딸 영아가 예쁘고 무엇보다도 패트릭이 워낙 훤칠하게 생긴 미남이라서인지 아이들 모두가 일등 미인이다. 얼마 전에는 어느 의상 잡지의 표지모델이 되어 두 자매의 사진이 잡지 표지에 예쁘게 실리기도 했다.

이 자매들이 투숙객을 위하여 항상 데워져 있는 풀장에서 활기차게 팔딱거리면서 헤엄질 치는가 하면, 광활한 잔디밭을 종횡무진 뛰면서 동무되어 잘 놀고 있다. 아이들은 찾아온 손님이 누구인지 그런 것에 신경 쓸 필요 없이 깔깔거리면서 뛰어다닌다.

차를 타고 3분 거리에 바다가 출렁인다.

명사십리의 백사장을 맨발로 산책한다. 발가락 사이로 파고드는 고운 모래가 간질거린다. 지압효과도 클 테지만 상큼한 바닷바람에 장거리 여행으로 인한 피로감이 다 풀린다. 해질 무렵에 샤워장에서 발을 씻고, 신발을 신으려는데 이게 웬일인가? 저녁때라서 그런지 삽시간에 수백 마리의 모기떼가 새까맣게 달라붙는다. 발은 물에 젖어있어 양말이며, 구두가 얼른 신겨지지 않는데.

내가 한참 등산바람이 났을 때 전라도 영암의 월출산을 등산했다. 산기슭의 어느 민박집에서 어둠이 깔린 시간에 뒤가 급해 바깥에 있는 시골 화장실에 들렀다. 그랬는데 노출된 엉덩이에 수백 마리의 모기가 떼를 지어 무차별기습 공격하는 바람에 혼비백산한 적이 있었다. 차 안에서 나는 그런 이야기를 하면서 영아가 사는 집으로 돌아왔다.

그 사이에 영아는 바다가재를 삶아서 그 귀한 걸 식구대로 한 마리씩 내어놓는다. 별로 요리랄 것도 없이 그냥 삶은 상태로다. 나중에 알고 보니 여기가 바다가재의 생산지였다.

몇 년 전인가 늦가을에 대게 맛을 한 번 보자고 아내와 함께 영덕 강구 항에 갔다. 강구 항은 대게가 만들어 놓은 소비시장으로 활기 넘치는 어촌도시다. 대게가 하도 비싸기에 작은 것 두 마리를 흥정하여 삶아 달라 하고 방에 들어가 앉아서 기다리고 있노라니 찜통은 하얀 김을 내뿜으면서 구수한 냄새가 코를 자극한다. 게는 금세 익어 커다란 양은쟁반에 담겨져 올라온다. 가위로 집게발을 잘라 먹으려고 했더니 너무 뜨거워 만질 수가 없다. 그래서 가장 맛있는 게딱지에 노란 게장을 긁고 거기에 밥을 넣고 비볐더니 그 맛이 기가 막혔다. 바로 그 맛을 보려고 거기까지 갔던가 싶었다.

바다가재를 먹다보니 강구항의 영덕대게를 먹던 생각이 새삼 떠올랐다.

다음 날은 새벽부터 천둥번개가 요란하다. 6월 중순인데 춥기는 또 왜 이렇게 추울까? 북쪽이라서 그런지? 아니면 이상 기온 탓인지? 패트릭이 자기의 장인 장모보다도 처 외숙인 우리 내외를 환대하는 의미로 자가용 경비행기를 타고 메인을 구경시켜 주려고 했는데 그만 기상

상황이 좋지 못해 부득이 승용차로 드라이브하기로 했다. 이 지역이 자기가 시장으로 있는 지역이다 보니 곳곳이 자상하다. 주요 볼거리는 해안 풍광이다. 가는 곳마다 제각기 다 절승가경이다. 모든 지역이 달력에서나 볼 수 있는 한 폭의 그림이고, 러브스토리가 있는 영화의 배경 그림이다.

한 군데도 빼어놓을 수 없는 원시적 풍광을 놓칠 수 없어 눈 속에 다 담아둔다. 그러다가 부시 별장을 찾아갔다. 찾아갔다기보다 길가에서 해안가를 건너다보는 그 곳에 부시가家의 별장이 있었다. 소박하리만큼 수리도 별로 하지 않은 그대로의 옛날부터 있어왔던 고택으로 그저 평화로워 보이는 낡은 건물이었다.

미국에서 가장 오래 되었다는 등대가 그 해안에 있었다. 그 등대 안에 70대 중반쯤으로 보이는 고상한 백인 할머니 세 사람이 관광객을 상대로 예쁘게 칠을 한 조개껍질을 팔고 있었다.

귀로에 어느 해안에서 매부의 안내로 배를 타고 '다이아먼드섬'이라는 숲이 울창한 곳에 건너가서 별장 같은 식당에서 바다가재 요리를 주문해서 먹는데 랍스터스프가 일품이었다. 마치 중국의 최 고급요리인 불도장탕佛跳墻湯 맛을 방불케 하는 고급 요리로 생각하며 맛있게 먹었는데 살만 빼어 양념한 요리는 더욱 맛이 좋았다. 와인 한 잔 곁들이니 그 맛과 멋은 과히 환상이었다.

한 십 년은 되었을까? 평소에 장인장모를 데리고 맛있는 것을 잘 사주던 큰 사위가 하루는 대방동 성당 앞에 몇 집이 나란히 있는 바다가재 집으로 데려갔다. 어항에서 제일 큰 놈을 골라서 달라고 주문하고 자리에 앉아 기다리고 있는데 우선 바다가재를 한 부분을 회로 시식하라고 내어놓는다. 그 다음에 삶아서 부분 부분을 가위로 잘라서 먹기 좋게 접시에 담아 놓는데 구수한 그 냄새가 기가 막혔다. 맛 또한 환상이었다. 영덕대게는 명함도 내밀 수 없는 독특한 맛이었다. 그 때의 기억을 되새기며 쫄깃한 살코기를 단맛이 다 빠지도록 씹으며 음미했다.

조용한 메인의 어촌은 이러하였다.

앞바다 속에는 고등어가 활기를 띠고 헤엄치며 자유롭고, 우럭처럼 생긴 물고기를 비롯한 각종 물고기가 바다 밑에 지천으로 돌아다니는데 잡지도 않고, 어시장도 볼 수가 없다. 어촌인데 어부 같은 사람도, 어부 아닌 사람도 별로 없다. 적적하리만큼 그저 한가롭기만 하다.

오랜 옛날부터 가가호호 랍스터 어업이 이 지역의 본업이란다. 길이 1미터 가량의 네모진 철사그물 통발에 겉으로 두 개의 구멍이 양쪽으로 뚫려있고 그 안 한 가운데에 또 하나의 구멍이 뚫려져있다. 그 안방 깊숙한 곳에 고등어를 매달아 놓고 랍스터를 유인한다. 그러면 이 어리석은 것들이 고등어를 먹으려고 엉금엉금 기어 들어가서 후회할 수 없는 안방에 갇혀 버리게 된다. 한 번 들어간 놈은 그 비싼 몸값을 경솔하게 다룬 죄로 빈틈 없는 감옥에 갇혀 버리는 신세가 되고 만다.

'심천지어深川之魚 사어방이死於芳餌'(깊은 물 속에 사는 물고기도 좋은 미끼 때문에 잡힌다.)라, 그런 말이 있다는 것을 미처 몰랐던가 보다.

이런 통발이 집집마다 수십 개씩 쌓여 있다. 이 어촌마을도 역시 미국답게 드문드문 떨어진 곳에 제각각의 색깔을 지닌 집을 짓고 살고 있다. 다닥다닥 밀집되어 있는 천편일률적인 우리나라의 어촌과는 너무나 비교가 되는 여유로움이었다.

집집이 통발을 배에 싣고 가서 바다에 가라앉힌다. 그리고 줄을 매어 각자 자기만의 표지가 있는 색깔의 부표를 띄워 놓는다. 이튿 날 걷어 올려서 일정한 크기 이상이거나 이하의 것은 바다에 다시 놓아주어 은혜를 베푼다. 그 나머지만 배에 싣고 온다. 큰 것은 왜? 그것이 씨받이란다.

이곳의 모든 해안이 한 군데의 예외도 없이 해상공원이요, 어촌은 정서가 듬뿍 깃든 원시적 인간낙원이었다.

우리나라의 어느 해안 한 군데만이라도 이런 곳이 있었으면 참 좋겠다는 생각을 한 번 해보았다. 그러다가 쯧쯧 혀를 찼다.

만약 그런 데가 있다손 치더라도 금방 무슨 횟집이거나, 털보네 랍스터 원조집, 순이네 바다가재 원조의 원조집이 수백 개는 쭉 늘어서겠지? 그 바닷가에는 가재 껍질이 썩는 냄새로 눈살을 찌푸리게 하겠지. 그래서 그 아름다운 경관도 다 버려놓을 테지! 하고 서글픈 입맛을 다져보았다.

海岸風光 해안풍광

漁村閑寂一人稀　　어촌한적일인희
清淨寒家曲岸圍　　청정한가곡안위
石蟹捕筌今昔景　　석해포전금석경
水禽欣託豈空飛　　수금흔탁기공비

遊船白帆迎風迅　유선백범영풍신
素堊燈臺遺響輝　소악등대유향휘
何必高亭登自樂　하필고정등자락
卓勝處處最無違　탁승처처최무위

한적한 해안에 사람 하나 볼 수 없는
해안에 정갈한 굽이진 곳 어부의 집들
바다가재 통발 잡이 옛 풍광이 그대로
갈매기 즐겨 와선 실속 없이 배회한다

놀잇배 흰 돛 달고 바람 맞아 달리는데
하얀 등대 햇빛 받아 옛 운치 자랑하네
높은 정자에 올라야만 꼭이 즐겁더냐?
가는 곳곳 비할 데 없는 절승인 것을.

7. 단풍잎, 떡갈잎

인간 단풍

설악산과 내장산의 단풍이 가장 아름답기에 그 단풍이 절정일 때 사람들이 구름같이 모여든다.

또한 저녁노을이 빨갛게 하늘을 덮어 찬란하게 아름다우면 젊은 사람, 나이 든 사람 할 것 없이 누구나 탄성을 보낸다. 인생황혼이라고 다를 바 없다. 사람이 노경에 처하였어도 아름다운 인간단풍을 만들고, 찬란한 노을에 함께 물드는 노인을 만든다면 죽은 뒤에까지도 그 여운은 남게 된다.

사람이나 다른 뭇 생명이 태어난다는 것은 분명 희망이다. 그래서 갖은 정성을 다해 애지중지 키운다. 여기에 권력가나, 재산가나, 평민이나 할 것 없이 자식을 키우는 외형적 질은 다를 수 있겠지만 자식을 사랑하는 본능에는 신분의 차이가 있을 수 없다.

짐승들도 천적이 다가와 새끼를 노리고 있으면 그 어미는 힘으로 대항할 수 없는 미약한 몸인데도 불구하고 목숨을 다해 새끼를 보호한다. 그리고 스스로 살아갈 수 있는 힘을 길러주고, 살아갈 수 있는 학습을 시킨다. 그렇게 키우다가 성장하면 제 힘으로 살아가도록 놓아준다. 이런 것이 지구상의 모든 생명이 하나같이 지니고 있는 본유관념本有觀念이기 때문이다.

인간이나 짐승이나 자연 속에 태어난 소중한 사명을 성실하게 행하며 존속하다가 그 임무를 다하고 나면 힘을 잃고 늙음이 다가오게 된다. 이러한 현상은 인간이나 짐승만이 아니다. 물고기나 벌레도 그렇고, 삼라만상이 다 그렇다. 이 모든 것이 자연의 섭리며, 생멸生滅 전변轉變하여 머물지 않는 상도常度다.

얼마 전에 나는 용문의 노우 몇 분들과 함께 경주로 구경을 떠났다. 내리쪼이는 태양 아래에서도 선덕여왕릉과 양동민속마을에 이르기까지 경주의 모든 것을 샅샅이 두루 다 구경하고 저물녘에 감포항으로 달렸다.

감포항은 경주의 외항으로 회가 싱싱하다.

고기잡이배는 바다 멀리서 높은 파도에 묻혔다 떴다 하면서 귀항한다. 또 다른 배들이 가물가물한 곳에 하늘이 만들어 놓은 커다란 화폭에 태양이 조화롭게 그려놓은 찬란한 붉은빛 노을이 얼비치고, 그 수평선 아득한 바다에 한 가득 반짝반짝 진홍의 물결이 출렁인다. 어둠이 다가오자 여러 척의 어선이 점점이 불을 밝히고 늘어서 있고, 수평선 위로 태백성이 새끼처럼 달에 딸려 가는데 은하수는 뭉게뭉게 흐르는 구름을 어루만진다. 그런 저녁을 이백처럼 시상을 떠올리며 하염없이 바라본다.

새벽 일찍 파도소리에 창밖을 내다본다. 바닷바람이 거세게 철썩철썩 갯바위에 부딪고, 파도 꽃이 포말을 일으키며 산산이 흩날리는데 바다 멀리 밤을 샌 고기잡이배에서 덧 비치는 불빛이 사라질 듯 가물거린다. 그 멀리 아득한 수평선 위로 남은 달을 어미처럼 따르는 샛별이 어둑새벽을 여는데 해안가로 갈매기가 무리지어 가고오며 우짖는 속에 두서넛 등대불이 어렴풋이 깜박이며 희망의 빛을 열고 있다.

밤새 들려오는 거센 파도소리에 밤을 지새우다시피 하고도 졸수도 없는 상쾌한 새벽에 창을 열고 바닷바람을 맞으니 마음속까지 해맑아 티끌 같은 세상사 다 잊는다.

우리는 오늘을 이렇게 행복을 준비하였다.

눈 속에 묻혀 정적 속에 잠들었던 대지에 강보에 싸여 있는 아기가 세차게 팔다리를 놀리듯 생기가 돋으면 움츠렸던 삼라만상이 기지개를 켠다. 그런 가운데 앙상하던 나무 가지 끝에 여린 새싹이 노랗게 가지런하고 꽃나무는 비에 젖어 꽃망울을 맺는 봄을 맞는다.

가끔씩 세찬 바람과 함께 소낙비처럼 빗줄기가 굵을 때면 잠자던 벌레들이 화들짝 놀라 꿈틀거리고, 새들은 자기의 후손을 남기려고 짝을 찾아 우짖는다.

사람들은 한여름을 덥다 그늘을 찾고, 오곡백과는 그 틈새에 영글어 간다. 그렇게 종족번식이 이룩되면 제 할 일을 다 마쳤다고 이제 그만 세상 미련일랑 다 잊고 조용히 사라지란다.

그렇게 한 해가 조용히 가고 만다.

그런데 그냥 사라지기가 너무 아쉬워 머뭇거리는 것이 있다. 그동안 울창했던 온갖 나무들이 그렇다. 한 여름동안 자신의 머리를 덮고 있던 숱한 짙푸른 잎을 그대로 떨어내기에는 너무나 억울하다 여겨 잠시

나마 자신의 아름다움을 한층 더 뽐내고 나서 조용히 떨어지려 한다.

이것이 우리 인간이 즐겨 찾는 단풍이다. 이 과정을 해를 거듭하면서 수백 년, 수천 년을 이어간다.

단풍에도 질이 다르고 격이 다르다. 핏빛처럼 붉은 단풍나무 잎이 있는가하면, 노랗고 윤기 있는 고결한 은행잎이 있고, 거칠고 까슬까슬한 품위 없는 떡갈나무 잎도 있다.

붉은 단풍 중에는 단풍나무보다 더 일찍 물드는 옻나무 단풍이 있다. 멀리서 보면 색깔은 단풍보다 더 곱다. 그런데 가까이 다가서 보면 나뭇잎 위에 또렷하게 도드라진 옻독을 품고 있다. 이건 분명 사람의 눈을 현혹시키는 간악한 속임수다.

단풍구경을 간다고 설악산이나 내장산을 굳이 갈 필요가 지금은 없어졌다. 길거리에 흔하고, 공원에서나 심지어 아파트 경내의 빈 땅에도 지천으로 심겨져 있다. 우리 아파트에도 벚꽃나무와 단풍나무가 제일 많다.

우리 집 거실 앞에는 벚꽃나무가 여러 그루 심어져 있고, 내 서재의 동창 앞에는 단풍나무 세 그루가 겹쳐 심어져 있다. 가을이면 하루에 적어도 5, 6시간은 보고 즐긴다. 그런데도 질리지 않는다. 이것이 자연의 빛깔이기 때문이다.

우리나라 단풍에는 재래 단풍이 주를 이루고 있지만 예전에 없었던 캐나다 단풍도 있고, 수목원에서나 볼 수 있었던 희귀한 공작단풍도 지금은 흔하다.

인간에게는 다른 동물에서 볼 수 없는 단풍기가 있다. 늙어서부터 죽을 때까지의 긴 과정이 그렇다. 사람이 야심찬 시기에 제 할 일을 다 하고 살다가 65세가 되어 백설을 녹이는 봄바람으로도 녹일 수 없는 백발이 머리를 덮으면 늙었다고 떠밀어낸다. 그런데 지금은 옛날과 달리 수명이 길어졌다. 그 긴 시간이 인간 단풍기다.

내가 자주 다니는 사나사 뒷산이 용문산의 한 능선으로 뻗어 내린 줄기이다 보니 계곡에는 단풍이 제법 붉다. 10월 하순 쯤 도토리가 하도 탐스러워 욕심껏 주웠다. 그런데 그것도 일이라고 허리가 아프고 무릎이 아팠다. 그래서 낙엽 위를 엉금엉금 기어 다니며 주웠다. 그랬더니 이번에는 무릎 밑이 쓰리기에 바지를 걷어 올려 보니 시뻘겋게 까져 있었다. 공짜라면 양잿물도 마다하지 않는다더니 내가 그 꼴이었다.

도토리를 따라서 기어 다니다 보니 문득문득 보이는 단풍이 퍽이나 아름답다. 그 중에 제일 고운 단풍 몇 장은 사진에 담아두었다. 도토리를 짊어지고 집에 와서 벌겋게 까진 무릎에 후시딘을 바르고 후후 불면서 폰 갤러리를 열어 다시 들여다본다. 무엇이고 아름다우면 다시 더 보고 싶은 것이 인간의 고운 습성이다.

사람들은 단풍을 보고 아름다움을 느낀다. 곱게 물든 단풍이 햇빛을 받아 붉은 잎에 투영되어 해맑아지는 그런 상태에서 미풍에 살랑살랑 흔들리면 무대에서 간들간들 춤을 추는 미녀의 교태를 보는 듯 더욱 아름답다. 사람의 보는 눈은 거의 비슷하여 그러한 단풍에 눈이 쏠린다. 그것을 보려고 사람들은 단풍 주변에 모여들고, 그 자리에서 쉬이 떠나려고 하지 않는다.

떡갈나무 잎사귀

아름다운 단풍 주변에 지천으로 깔린 누르스름하고 칙칙한 떡갈나무 잎을 보고 어떤 감정을 느끼는 사람은 별로 없다. 아니 아예 보려고 하지도 않는다.

오래전 정주영 회장의 덕분으로 금강산을 구경할 수가 있었다. 비로봉의 선경에서 이슬이 흘러내려 이룩된 금강산 제일경의 구룡폭포와, 조물주가 옥을 깔아 만들어놓은 견우직녀 설화의 상팔담, 그리고 뾰족뾰족한 산마루가 연이어진 만물상을 정신을 놓고 두루 구경했다.

하산하는 도중에 어떤 관광객이 뒤가 급해서 숲속에 들어갔다. 그리고 그것 위에 떡갈나무 잎을 덮었다. 바람에 떡갈나무 잎이 날려서 누런 것이 노출되어 북한관리원의 눈에 띄었다. 그냥 넘길 일이 아니었다. 저지른 사람은 시치미를 딱 떼고, 수백 명의 관광객이 발이 묶였다. 몇 시간을 서로 옥신각신 승강이질 하다가 우리 편 가이드가 그곳에 다시 올라가 문제의 그 물건을 떡갈나무 잎으로 싸고, 다시 A4용지 몇 장으로 덧싸가지고 내려옴으로서 사건은 종지부를 찍었다.

떡갈나무 잎이 가을이라고 환대 받는 물건이 아니다. 고작해야 그런 용도로나 쓰이는 하찮게 여기는 마른 잎사귀에 지나지 않는다.

사람의 귀천을 어찌 고운 단풍잎과 떡갈나무 잎을 구별하듯 비교할 수가 있겠는가마는 그럼에도 불구하고 고운 단풍과 같은 노인이 있는가 하면 떡갈나무잎처럼 하찮게 사는 노인이 있다.

고운 단풍으로 사는 노인에게는 관람객이 모여들 듯 그 당사자를 찬양하며 주변에 모여와 외롭지도 않고, 고품격의 삶을 고스란히 지니며 노년을 지낼 수가 있는 것이다.

반면에 떡갈나무잎으로 사는 노인에게는 누가 거들떠 보지도 않을 뿐더러 그 자신이 스스로 사람 보기를 피하고자 한다. 스쳐오는 소슬바람에도 한숨이요, 지는 낙엽에 애상을 느낀다. 그래서 더욱 외롭고 더욱 쓸쓸해서 항상 죽고 싶은 충동을 일으키게 된다. 노인 자살률이 세계에서 가장 높은 나라에 속하는 이유가 이런 데서 일게 되는 것이다.

단풍나무에 여러 가지 유형이 있듯이 인간에게도 그와 같은 유형이 있다. 그렇다면 우리는 어떤 유형의 단풍이 되어 살아야 할 것인가 하고 고민해야 할 것 같다.

고운 단풍의 인생살이와 떡갈나무 잎새의 인생살이가 자신의 마음 하나로 좌지우지되는 경우가 허다하다. 그러니 생각 여하에 따라 정 반대로 바꾸어지는 경우도 적지 않음을 우리는 얼마든지 보고 있다.

"나도 이제 노인이다" 하고 스스로 처져 아무 하는 일이 없이 매일 같이 허드레 술꾼이 되어 청탁을 가리지 않고, 술잔에 입을 적시고, 정신은 취하여 허망한 생각에 사로잡히는 사람. 그렇게 자신을 포기해 버리는 생활을 몇 년이고 이어가는 사람이 의외로 많다.

그래도 어디가 아프면 병원으로 달려간다. 그러니 죽어지지도 않는다. 이런 생활을 반복하면서 인생을 산다고 할 수가 있겠는가?

인생에서 가장 큰 실수는 일찍이 자신을 포기해 버리는 것이다. 그리고 절망하는 것은 용서받을 수 없는 자신에게 지은 죄임을 알아야 한다.

활동하는 노인

사람이 산다는 것은 젊은이나 늙은이나 할 것 없이 무엇인가 하는 것이 있어야 사는 것이고, 그것이 자기 자신에게나 사회에 이바지 되는 일이면 금상첨화라 할 것이다.

뉴욕에서 플로리다로 가는 비행기 안에서 여자 노인 승무원 두 명이 승객을 상대로 시중들고 있었다. 일본의 주차장 매표소에도 노인들이 일을 하고 있었다. 우리나라도 지금은 다르지 않다. 택배로 배송할 수 없는 물건의 배달을 노인들이 공짜 전철을 타고 배달하고, 일본어에 능한 노인은 일본어 번역을 하여 용돈을 번다. 법률공부를 좀 한 노인은 법률사무소에서 도우미로 일을 하여 용돈을 번다. 요즘은 커피 전문점에서 커피 내리는 일을 여자 노인들이 많이 한다.

이처럼 힘들지 않는 일을 노인들이 함으로서 사회와 어울리고 약간이나마 용돈도 챙기는 일로 생기 돌아 늙음을 다소나마 더디게 하는 일석삼조의 효과를 거둔다. 이런 것이 좋은 인간 단풍이다.

꼭 돈벌이만이 아니다. 돈벌이가 아니더라도 하려고만 들면 소일거리는 얼마든지 많다. 요즘 우리나라에는 각 시, 군마다 평생학습이라는 어울림 센터가 마련되어 있다. 또한 지방자치센터가 있어서 각종 종목의 취미활동을 골라가며 즐길 수가 있다.

나는 30년 동안이나 서예와 서각을 가르치는 것을 보람으로 여기면서 수많은 사람에게 전수하였다. 그 중의 20년은 완전한 기부봉사였다. 내가 생활이 넉넉해서가 아니다. 가난으로 친다면 그중 하층에서 산다. 가난한 길만 찾아서 간다고 항상 야단맞는다. 그러면서도 그렇게 하고 싶다. 돈이 개입되면 욕심이 생기고, 욕심이 일면 학습효과가 떨어진다. 내가 지금 하고 있는 서예학습은 주로 노인계층이다.

아파트에 사는 노인 십여 명은 매일 같이 서예공부방에 나와 붓을 든다. 처음 시작할 때에는 수 차례에 걸쳐 구내 방송하고, 엘리베이터에 게시문을 써 붙였는데도 주눅이 들어 쭈뼛쭈뼛 머뭇거리면서 동참하기를 꺼렸었다. 그러는 것을 여러 번 권하고 설득하여 한 사람 한 사람씩 모인 것이 지금은 20명에 가깝다. 생전 처음 붓을 든 노인이 대부분이다.

그런 노인이 시작한 지 얼마 안 되어서 붓이 지나간 자리에 획이 그어지고 글자가 생겨난다. 이렇게 신기한 것을 이제야 시작 했구나 좀 더 일찍이 시작했더라면 지금 쯤 대단한 실력을 보였을 텐데 하는 아쉬움마저 든다고들 한다. 이분들에게 희망이 생겼기에 노력하게 되고, 그 희망은 영원히 솟는 샘이 된 것이다.

이런 보람을 왜 진즉 갖지 못하였을까 하고 지난 날의 허송했던 시간을 아쉬워하기도 한다. 이런 노인들은 남은 시간을 차원 높은 아름다운 인간 단풍으로 사는 것이다.

반면 기나긴 시간을 여럿이 어울려서 고스톱으로 소일하고, 그러다가 소주잔에 하찮은 농담으로 하루 해를 마감하는 노인들이 수도 없이 많다. 집 식구들이 보기에는 그래도 매일같이 출근하듯 어디엔가 나가고 있으니 무엇인가 하는 것이 있겠지, 그래서 여생을 심심치 않게 잘 지내고 있구나하고 속고 있는 것이다.

그런 삶은 멀리서 볼 때에는 고운 단풍으로 보이나 가까이서 보면 독이 돋은 옻나무 잎 단풍에 불과한 것이다.

노인에게 인간 단풍을 냉철하게 관조할 필요까지는 없겠지만 그래도 지킬 것은 지켜가며 아름다운 노년을 보내는 것이 누가 보아도 고상하고 격이 높게 보일 것이다.

노인이라 하여 오락이나 즐기고 되는대로 아무렇게나 산다면 과거는 어쨌는지 모르나 그 인생은 실패한 삶인 것이다. 오락은 생각할 줄 모르는 사람들의 행복에 지나지 않는 별로 이로울 것이 없는 즐거움이다.

기력이 소진하여 의지대로 할 수 없는 형편이라 할지라도 노인은 끝까지 전아한 품격을 지니고, 고결한 노인으로 생을 마감하는 노력이 필요한 것이다. 가장 강한 인간은 자신의 마음을 조절할 줄 아는 인간이다.

활동하는 인간 단풍!

하룻밤 사이에 강풍이 몰아쳐서 흩날려 떨어질 그날까지 아름다운 인간 단풍을 모든 노인들이 간직하였으면 좋겠다.

설날에 던진 윷가락

한 해를 마감하는 섣달 그믐날이라서 그런가? 소한, 대한에 미처 못 내린 눈을 다 쏟아 붓는 것 같다. 그렇게 흩뿌리며 펑펑 쏟아지던 함박눈이 설날 아침 일찌감치 맑게 개이더니 아파트 경내의 정원수 가지마다 수북수북 눈부시게 쌓였다. 한 해의 첫날을 축복하는 서설이 하얀 복을 소담스럽게 이고 새해에 복 많이 받으시라고 설 덕담을 하는 것인가.

몸집이 작은 들새 한 쌍이 창 앞의 눈 덮인 단풍나무가지에 포르르 날아와서 넙죽넙죽 세배한다. 하얀 눈을 떡국이라 생각하고 쪼아 먹으면서 창안의 나를 힐끔힐끔 쳐다본다. 우리 두 늙은이도 서로 복 많이 받으시라고 덕담을 주고받았다.

우리 두 노인의 설날 아침을 이렇게 맞이했다.

오늘은 왠지 아침부터 마음이 설레어 바깥이 자주 내다보인다. 자식들이 올 시간이 아직도 5, 6시간은 더 있어야 하는데도 그렇다. 마음이 달떠서 그런가.

아파트의 거실 창 앞 큰 길을 내다보고 있는데 인도에 사람들이 하얀 눈 위를 셔틀버스를 기다리며 즐거운 듯 모여 있다. 다들 늙으신 부모를 찾아가는지 부인과 아이들이 설빔을 곱게 차려입고, 오졸거리며 희희낙락 즐기는 모습이 건너 보인다. 그 옆에 헌칠한 남정네가 옷을 정갈하게 차려입고 선물 보따리를 손에 들고 어린것의 손을 잡고 서있다. 오랜만에 보는 모습이라 너무나 보기에 좋다. 오늘은 설날이라 셔틀버스가 없을 텐데 아마도 모르고 기다리는 모양이다.

저 모습을 보고 있자니 그래도 아직은 전래되는 우리의 설 풍속을 볼 수 있구나하는 훈훈한 마음이 인다.

元日에 입는 아이들의 새 옷을 세장歲粧이라 하고, 사당이나 조상에게 지내는 제사를 다례茶禮라 한다. 어른을 찾아뵙는 것을 세배歲拜라 하고, 설음식은 세찬歲饌이고, 술은 세주歲酒라 한다. 떡국은 병탕餠湯이라 하여 제사에 쓰고, 손님 대접에도 쓴다. 이런 것이 설 풍속이다.

내가 어렸을 때에는 동네 형들이 설빔을 차려 입고 여럿이서 징과 북에, 장구와 꽹과리, 혹은 나팔을 곁들여 불며 동네 집집을 돌면서 마당에서 한바탕 놀아준다. 그리고 술값도 얻어가는 그런 풍습이 있었다.

멍석을 깔고 편을 갈라 윷을 놀았고, 엽전에 미농지를 꼬아 만든 제기를 찼다. 무엇이건 승부와 경쟁이 있어야 열이 오르고, 재미가 더해지는 법이다. 이런 것이 설부터 정월 대보름까지 이어지는 우리나라 고유의 설 풍습이었다.

창밖에 지금 보이는 저 모습을 보노라니 그때 그 시절이 새삼 떠올라 따듯한 마음이 옛날의 그 시절에 머물러진다.

설은 추석과 함께 우리나라 최고의 명절이다. 이 전통 문화는 옛날이나 지금이나 매한가지로 중히 여겨 부모가 계신 고향을 향해 귀성하는 것을 당연시 하고 있다.

노부모는 이 날을 기다리고 기다리며 핵가족으로 멀리 떨어져 사는 자식들을 만날 수 있다는 모처럼의 기회라 여겨 기대감에 설레고 들뜬 마음으로 정성을 다해 맛깔스런 음식을 만들고, 술을 장만하고, 용돈을 아껴 세뱃돈을 마련해 놓고 기다린다.

나는 벌써 18년째 양평에서 살고 있다. 전원에서 14년, 그리고 아파트에서 지금까지 4년을 살고 있으면서 이곳에서 생의 마지막을 기다리고 있다.

자식이라고 딸이 셋인데 하나는 미국에 살고, 둘은 서울에서 살고 있어 보고 싶어도 쉬이 볼 수 있는 것이 아니다. 그래도 요즘은 스마트폰이 있어서 서로 간에 카카오톡으로 연결해 의사소통은 하고 있어 그것만으로도 다행이라 하겠다.

설날아침이라 서울 사는 딸자식들은 시집에 먼저 들려야 하기에 아직도 한참을 더 기다려야 볼 수가 있을 것 같다. 우선권을 시집에 내어주었으니 어찌할 방법이 있는 것이 아니다.

한 낮이 되어서야 두 딸 사위가 저희들의 권속들을 거느리고 벅적거리며 좁은 현관으로 왁자지껄 들어온다. 시집에서 늙으신 부모를 뵙고 새해 인사나 제대로 하고 왔는지, 대충 얼쩡거리다가 친정이 급해서 달려왔는지 염려되어 그쪽 사돈에게 항상 미안한 감이 들곤 했다.

자식들과 손자들은 할아버지, 할머니께 세배를 올리고, 그들대로의 덕담을 여쭙는다. 그리고 모처럼의 만남을 반기며 희희낙락 여유롭게 환담을 나눈다. 일 년에 한두 번 있는 소중한 만남의 자리를 가장 효율적으로 보내고자 잠시의 시간을 아낀다.

요즘에는 옛날과 달라서 시골마을에서 거적을 깔고 윷놀이를 하는 것이 고작이고, 이것만이 전통으로 일반화되어 있다. 이것이 경로당에서도, 일반 가정에서도 즐길 수 있는 유일한 전통 풍속놀이로 자리 잡고 있다.

그래서 우리도 미리 윷판을 준비하고 그렇게 놀았다. 윷판과 윷가락은 오래 전에 만들어서 꿍쳐두었다가 그날에만 끄집어 내어 해마다 놀고 있다. 우리 두 노인하고, 딸들, 그리고 손자들이 한데 어울러 편을 갈라서 천원내기로 승부를 정한다.

윷가락을 하늘 높이 치켜 올렸다가 떨어지면 모도 나고, 윷도 난다. 개 잡았다, 걸을 엎어라, 앗! 뒷도다. 세 동문이 다 잡혔다 하며 깔깔거린다. 어쩌다 윷가락 한 개가 윷판 밖에 떨어지면 낙이다 하고 허탈한 웃음을 웃는다.

치켜 던진 윷가락이 그 판의 운명을 좌우한다. 네 개의 윷가락이 공중에서 융합이 잘 이루어져 모가 되고, 윷이 난다. 자칫 하나가 이탈하면 개도 되고 뒷도로 뒤집힌다. 그렇다고 이것이 던지는 손재주대로 되는 것은 결코 아니다. 기술도 어느 정도는 필요할지 모르겠지만 전적으로 운이 좌우하게 된다.

공중에 던진 윷가락이 실망스럽더라도 말판만 잘 쓰면 전화위복이 될 수도 있어 성급하게 결과에 굴복할 필요가 없다. 인생은 마음과 지혜가 좌우하고, 희망은 생명이 붙어 있는 한 영원히 자신의 것이다.

모아진 돈으로 진 팀이 한밤중에 바깥의 CU에 나가서 아이스크림을 사다가 어울려 먹기도 한다.

이런 재미를 미국에 사는 큰딸 식구들이 참여치 못하는 것이 못내 아쉬울 따름이다. 한편 측은하기도 하고, 서운하기도 하여 마음이 늘 어두워짐을 감출 수가 없다. 이제 나날이 거칠어지는 주름이 생의 마지막을 재촉하건만 그들이 있는 곳이 지구의 건너편이다 보니 마음만 보내는 안타까움을 다만 가슴 아파야 할 뿐이다.

하루만 자고가도 그게 고마운 늙은 부모의 마음을 아는지 모르는지. 그러다가 다들 떠나면, 자식들을 보내고 허전한 노부부는 거실 바깥의 밤하늘을 하염없이 쳐다보며 긴 탄식을 남긴다.

지금의 세정이 그러한 것을 어찌하랴. 그럴수록 늘그막의 끝나는 그날까지 해야 할 일에 충실하여 사회로부터 멸시받지 않는 노인이 되고, 자식들에게 욕되지 않는 부모의 떳떳한 모습을 보여주려고 노력하고 있다.

歸省 귀성

陳年歲暮雪粉雱　진년세모설분방
元旦庭松戴皓祥　원단정송대호상
田巷娘兒裳侈戱　전항낭아상치희
墓園夫老衣盛裝　묘원부로의성장
京華愛息盈床嗜　경화애식영상기
遠國長昆曠海障　원국장곤광해장

孫去媼爺心不定　　손거오야심부정
雲天靜夜乍星光　　운천정야사성광

설달그믐에 펑펑 흩뿌리는 눈발에
설 아침 뜰 안 솔은 하얀 복을 이었네
설빔을 즐기는 농가마을 아녀자들
말쑥이 차려입은 성묘 가는 남정네

서울 사는 자식들은 상머리에 즐거운데
멀리 사는 맏자손은 바다가 하 넓다는구나
손자들이 가고 남은 허전한 두 노인
고요한 밤 구름 사이로 반짝이는 별빛만이

애완견 까미의 호상好喪

언제부터인가 우리나라에도 동물 애호가가 너무나 많아졌다. 그러다 보니 애완동물이 사람을 능가하는 대우를 받는다. 동물의 의료수가가 사람보다 비싸다. 내가 동네 병원에 가면 감기로 치료받거나 물리치료를 받거나 간에 1,500원을 내면 고작이다. 물론 의료보험이 있고 노인이라고 덜 받는 경향이 없는 것은 아니다. 병원 아래층에 내려가서 약을 짓는데도 고작 1,500원 정도다.

그런데 기르는 개가 감기로 콧물을 흘린다고 가축병원에 가면 그 치료비가 30,000원이란다. 사람의 열 배의 고귀한 가치가 개에게 있는 셈이다. 그러니 동물의 오만이 이만저만이 아니다.

개털 깎고, 조발하고, 물들이고, 개 발톱에 물감을 칠하는데 몇 만 원, 몇 십만 원이란다. 개 옷값, 여행 간다고 맡기는 탁아소 비용이 몇 만 원이란다. 그러면서 그 목에 줄을 매어 사람이 끌고 다닌다. 개들이 과분한 대접을 받은 만큼 목줄 매는 수모 쯤은 사람에게 양보하여 견권犬權을 다소 침해 당해도 그냥 넘어가 주는 모양이다. 이러한 대접은 고양이라고 다르지 않다.

자칫 개나 고양이들을 푸대접했다가는 동물보호단체 사람들이 나서서 동물들의 자존심을 건드렸다 하여 단호하게 으름장을 놓는다. 인권단체보다 오히려 힘이 더 센 것 같다. 차라리 동물보호단체 사람들에게 사법권을 주어보면 어떨까 하는 생각이 치밀 정도로 야단법석을 떤다. 이런 생각도 든다. 개 대가리에 금관을 씌워보지! 임금이 되나? 아차! 개머리라고 해야지. 큰 일 날라.

이렇듯 애지중지 얼러 키우던 동물이 나이가 들면 게을러지고, 눈가에는 잔물잔물 눈물로 짓무르고, 걸음걸이도 늘쩡늘쩡 타발거리면서 걸어 다닌다. 늙는다는 것은 동물이나 사람이나 피할 수 없이 겪어야 하는 고독이고, 서글픔이다.

기르던 동물이 죽으면 동물 전용 화장장이 있어서 장사까지 잘 치른다. 작년에 내 종손아이가 기르던 개, 까미가 죽었는데 아이들이 화장한 유골을 수습해서 아이들 할아버지 농막별장의 단풍나무 밑에 수목장하고 비석까지 세웠다. 자기를 길러주던 사람들의 눈물 속에 호상好喪을 치른 것이다. 이렇듯 동물이 죽으면 호상을 치르는 세상으로 변했다.

노인들이 백세 시대에 살듯이 지금은 동물도 장수한다. 옛날과 달라서 주거환경이 좋고, 호의호식에 목욕도 자주 하고, 똥을 싸면 임금님의 무수리가 했던 것처럼 밑까지 닦아주는 등 위생상태가 좋다. 게다가 약간의 감기 기운이 있어도 가축병원에 데려가 치료받게 한다. 이러한 배려 속에 살다보니 자연 수명이 길어질 수밖에 없다.

개의 수명이 덩치의 크기에 따라 다르기는 하지만 보통 10년이고 애완견처럼 환경이 좋으면 소형견의 경우 20년도 살 수가 있다. 고양이도 14~5년이 보통인데 잘 보살피면 그 이상 산다. 옛날부터 전해 오는 말이 있다. 계불鷄不 3년, 구불狗不 10년이라고 했다. 닭은 3년, 개는 10년 이상 키우면 이상증상이 나타나 예상치 못한 일이 있을 수 있으니 기르지 말라는 뜻의 말이다.

동물이 늙어 가면 재롱은 고사하고 나태하고, 드러눕기만 좋아하니 기를 맛이 나지 않는다. 그래서 애지중지 키우던 애완동물을 차로 싣고 가다가 아무데고 버리고 가는 사람이 늘고 있다는 말들을 자주 듣는다.

동물들의 고려장이 늘고 있다는 것이다. 영리한 개는 집으로 도로 찾아오기도 한다지만 대부분의 동물들은 그때부터 독거노인으로 노숙자가 되어 떠돌면서 다만 행복했던 지난 날의 호강을 주렁주렁 매달린 만국기처럼 꿈 속에 간직한 채 주인을 원망하면서 남은 생을 마지못해 산다.

야묘심회野猫心懷

내가 전원주택을 지어놓고 살 때였다. 정원 동편에 연우정燕牛亭이라는 이름의 정자를 지어놓았는데 그 정자 밑이 야트막하고 어둑하면서 아늑하다. 정원 뜰에 두더지도 많지만 쥐도 다니고, 개구리도 꽤 많다. 그러다보니 고양이가 정자 밑을 임시 주거지로 왕래하는 것 같다. 누구에게 고려장으로 버림을 받았는지, 무단가출을 했는지 우리 집 정원을 자주 왕래하고 있었다.

늙은 수놈인지 목소리가 맑지 못하고 저음에다 탁한 소리를 내는 놈이다. 정원에 잔디 밑을 두더지가 삽같이 넓은 다섯 개의 날카로운 발톱을 기계처럼 움직여 뚫고 지나가면 잔디밭이 길게 한 줄로 붕 떠 있게 된다. 그랬는데 그런 현상이 없어졌다. 아마도 고양이의 호령에 지레 겁을 먹고 도망한 모양이다.

하루는 서재 방에 앉아서 창밖을 내다보고 있는데 문제의 노인고양이가 살아있는 쥐를 앞에 놓고 으르면서 장난을 친다. 앞발로 슬쩍 건드렸다가는 놓아주고, 도망가려고 하면 또 건드리고 하는데 이 장난을 한참 거듭하다가 그냥 놓아주고 어슬렁어슬렁 가버린다. 쥐 처지가 하도 가엽고, 불쌍해보였던 것일까. 아니면 독거노인으로 외롭게 사는 자기 신세를 생각할 때 남은 쥐 가족들의 슬픔을 염려하여 은혜를 베푼 모양이다.

그 고양이가 그간의 노숙생활에 지쳐 까칠한 것을 보고 나는 스티로폼 상자를 정자 밑에 넣어주었다. 불쌍하기도 하고, 앞으로 닥쳐올 추이를 대비해서 배려해주었던 것이다. 자비심의 발로였는지, 노년의 그 노숙고양이가 그대로 정자 밑에 머물러 있기를 바랐는지도 모르겠다. 그렇게 다소 마음을 쓰다가 그 고양이의 처지를 상상해 보게 되었다.

나는 인간의 입장에서 독거노인이 된 그 고양이의 마음 속에 깊이 들어가 보았다.

까칠하기는 했어도 원래 하얀 바탕에 검은 점이 듬성듬성 박힌 아름다운 털을 가진 미남이다.

어려서부터 함치르르 윤이 나는 고운 얼룩 털을 지닌 옥골로 태어났는지라 어느 집 여주인이 입양했다. 그때부터 여주인의 사랑을 독차지했다. 이름은 '방울'이라 지었다. 여주인의 폭신한 앙가슴에 안겨서 심장 뛰는 소리에 귀를 묻고 있으면, 아름다운 여주인은 자식 같은 방울이를 아기처럼 예쁘다며 쓰다듬어 주었다.

그런 사랑 속에 먹여주는 음식을 손도 대지 않고 받아먹으면서 여주인의 따뜻한 품에서 벗어날 줄 몰랐다. 이런 나날을 10여 년을 행복하게 보내고 있었다. 방울이는 남이 갖지 못하는 행복을 자기만 가지고 있는 줄 알았다.

그랬는데 어느 날 악귀가 시기하여 살煞이 내렸는지 악운이 닥쳐 어느 좁은 길섶에 버림 받는 신세로 전락했다.

주인에게 귀염을 더 받으려고 어리광만 떨던 방울이는 자신이 앳되다 여겼을 뿐 늙었다는 사실을 전혀 모르고 있었다.

지난 날 잘 살 적에는 조잔부리도 자주 얻어먹더니만 세상이 판설다보니 하는 짓이 어설퍼 입매꺼리로 허기를 면하기도 어려운 나날을 보내야 했다. 방울이는 하릴없는 늙은 노숙자로 전락하는 가엾은 신세가 되고 말았다.

어제까지의 방울이는 세상에 태어나서 남들이 하지 못하는 양광스런 호강은 분수에 넘치도록 마음껏 누렸다. 자신만을 자별하다 여겼고, 출중나다 여겼고, 그래서 특수한 신분이라고 여겨 왔었다.

그러나 방울이의 신분은 하루아침에 곤두박질쳤다. 어제의 호사는 한낱 꿈에 지나지 않았다. 그의 나날은 호사의 타성에 젖어 게을렀고, 지닐 재주 하나 없어 허구한 날 심심하고, 허기져 있었다.

그러다보니 기운은 점차로 이울어간다. 다른 고양이를 만나도 외돌게 되고, 누구를 만나기가 겁나고, 의기소침하여 남의 우셋거리가 되고 말았다.

방울이는 생각했다. 하루 해를 걷어가는 저녁의 해거름 바람 속에 이승잠을 자다가 조용히 떠나는 것이 아닌가 하고 설은 눈물이 앞을 가린다.

방울이는 세상이 괴롭고 귀찮아 염세자살을 생각하고, 큰 차도의 쌩쌩 지나가는 차 앞까지 가기도 몇 번이었다. 그랬건만 고독사도 의지가 약해 번번이 실패하여 오늘에 이르렀다. 이러다가 어느 날 홀로 숨을 거두어 저승길도 제대로 가지 못하고, 배회하는 원귀가 되지나 않을까 하는 염려도 해보았다.

세상 물정을 너무 모르는 방울이가 죽는 날까지 세상에 남길 것이라고는 아무것도 없다. 그런 생각을 하면 지난 세월이 너무나 허망했다. 무의미하고, 무가치한 생애를 보낸 자신의 운명이 너무나 실망스러웠다.

지난 날의 호강이 그를 나태하게 만들었고, 먹이를 포획하여 생명을 유지하는 본능조차 상실했다. 또한 세상을 타개 해나가는 진취성도 잃었다. 결국 방울이의 지난 날 호사스러웠던 생활이 자신의 모든 것을 앗아갔다는 것을 이제서야 깨달았다.

방울이는 이제 늙었다. 과거에 사로잡히고 있을 때가 아니다. 생과 멸이 윤회하여 머물지 않듯이 행복하게 잘 살았던 지난 시절을 그대로 지닐 수는 없는 것이다. 이것이 무상無常이다. 이 늙음도 필경은 끝을 맺을 것이다.

그러니 이제부터라도 앞으로 남을 3~4년 동안이나마 할 일이 없을까 하고 고민해야 한다. 방울이는 생각한다. 그가 할 수 있는 일의 범위는 매우 하찮고 좁다. 일거리의 범위가 아무리 하찮고 좁더라도 할 일은 찾으면 무엇인가 있을 것이라는 확신이 그에게는 결심과 함께 보였다.

8. 의기소침

미술작품가격과 휘호료

한 세대 이전에 흔히 볼 수 있었던 정경이다.

장날이면 넓은 유지油紙를 펼쳐놓고, 그 위에 화지를 깔고, 그림을 그리는 사람들을 많이 볼 수 있었다. 그 옆에는 원색 그림이 있는 화주역畵周易 책을 펼쳐 놓고, 지나가는 사람에게 수작을 걸어 멈춰 세우는 사주쟁이도 있었고, 참빗, 얼레빗을 유지로 만든 빗접과 함께 진설해놓고, 장꾼을 기다리는 빗장수도 거기에 있었다.

그림을 그리는 사람은 고개를 가우뚱거리며 열심히 그린다. 제법 잘 그린 그림도 있었을 것이나, 거의 대부분의 그림이 속된 그림 들이었다. 더러는 대나무 끝을 물에 불려서 잘근잘근 짓찧어 만든 붓을 납작하게 하여 붉은 색, 푸른 색, 노랑 색등의 원색물감을 붓 끝에 각각달리 묻혀 빙글빙글 돌려가며 그리는 죽필 그림도 흔히 볼 수 있었다.

설탕을 부글부글 끓여서 엿같이 된 것을 국자에 담아 얇은 구리철판위에다 부우면서 굳기 전에 손 빠르게 비룡飛龍도, 공작새도, 선녀의 비천상도 그려서 만드는 환쟁이 버금가는 그림 솜씨의 달고나 장사도

맥을 놓고 구경하고 있었다.

또 어떤 이는 제법 고급스런 산수화를 현장에서 바로 그리는 화가도 있었고, 신윤복의 그림 같은 풍속화를 그럴싸하게 잘 그리는 사람도 많이 볼 수 있었다.

장날 같은 날에는 사람의 왕래가 많다보니 구경하는 사람도 그만큼 많다. 그림 한 장을 뚝딱 그려놓으면 지켜보던 사람이 흥정하여 둘둘 말아서 가져간다. 더러는 이미 그려서 말아놓은 것 중에서 골라 가져가는 사람도 있었다.

시청 앞 덕수궁 담장 밑에는 얼굴의 점을 빼어주는 사람도 앉아 있었다. 양잿물을 녹여 작은 보시기에 담아놓고, 얼굴에 점이 있는 사람을 불러 앉히고는 납침 끝으로 점을 찔러 헤치고, 그 자리에 녹인 양잿물을 발라주는 돌팔이도 거의 상설로 앉아 있었다. 나도 그런 시술을 받은 일이 있었다. 그 옆에는 자기 앞에 어떤 사람들이 지나가고 있는지 그런 것은 상관조차 하지 않고 오로지 그림 그리기에만 열중하는 화가가 있었다.

이러한 그림을 그리는 사람을 '환쟁이'라고 하였다. 또 그런 그림을 '막치그림'이라 하여 웬만한 집에서는 천시하여 외면했다. 환쟁이는 성숙하지 못한 화가를 뜻하는 이름이고, 막치그림은 조잡한 그림이라는 뜻의 말이다. 환쟁이들은 생계를 위해 길거리에서 막치그림을 그려 약간의 값으로 흥정하여 쌀되나 사고, 고등어자반이나 사가지고 집에 들어간다.

그러한 막치그림들은 대개 국밥집이나 이발소 같은 점포에 많이 걸려 있었다. 더러는 사삿집에 걸어놓기도 했다. 대청마루에 올라서면 맞은 편 정면에는 대대로 물린 검게 절은 쌀뒤주가 놓여 있고, 뒤주위에는 백자에 푸른 색의 화초 잎을 그린 달 항아리가 놓여 있다. 그 달 항아리위의 벽면에 막치그림이 흔히 걸려 있었다. 이와 같은 장식은 대부분의 사삿집이 거의 비슷하였다.

요즘이라고 다르지 않다.

얼마 전에 여주 도자기축제에 들려 이것저것 구경하고 있었다. 수많은 도자기점포의 한쪽 길바닥에 초상화를 그려주는 사람이 5, 6명은 있었다. 그 사람들 앞에 작은 낚시용 접의자에 걸터앉은 사람을 힐끔 힐끔 쳐다보면서 연필로 스케치 하고 있다. 한 장에 얼마씩 받고 있었는지는 잘 기억나지 않으나 자기 얼굴을 그려 받은 사람들은 모르기는 해도 소중하게 가져가서 자기의 책상 앞에 무슨 보물처럼 걸어놓았을 것이다.

그 초상화를 그린 화가가 환쟁이였는지, 받아간 그 초상화가 막치그림인지는 받아간 사람의 눈에 따라 판가름 될 것이다.

길거리의 환쟁이가 그린 막치그림이 유행하던 그 시절에도 다소 점잖은 집에서는 중국에서 구해왔다는 값진 그림이나, 우리나라의 화백이 그린 고급스런 그림을 표구하여 걸어놓은 경우가 많았다.

그것만이 아니다. 대청마루를 비롯한 각 방에는 잘 써진 글씨의 표구가 어김없이 걸려있었다. 부자만이 아니다. 끼니마다 때거리를 걱정해야하는 가난한 집에서는 막치그림마저도 돈 주고 구하기가 어려워 엄두를 내지 못하지만, 붓글씨만큼은 어디에서 구하던지 간에 얻어다가 집집마다 풀로 벽에 붙이기도 하고, 표구하여 걸어놓고 있었다. 글씨만은 돈을 주지 않고도 구할 수가 있는 것이기 때문이다. 그러한 글씨는 감상 겸 가훈으로 활용하는 실용적 목적을 지니고 있었기 때문이기도 했다.

우리 집에도 우리 신씨 가문의 종손이라는 어른이 쓰신 글씨 한 폭과 내 아버지가 직접 휘필하신 글씨의 표구가 각 방마다 한두 폭씩 걸려있었다. 지금 기억나는 것이 행서체로 가로쓴 어약충천魚躍衝天과 주자십회훈朱子十悔訓이었다. 내 아버지는 연세 이십이 못 되어 우리 문중의 지파 조 묘비의 비문을 쓰셨던 명필이셨다.

조선 후기의 화가 신윤복 같은 이는 명장名匠으로 그 그림은 세도가가 아니면 구하기가 하늘에 별 따기 정도였다. 흥선 대원군 이하응은 난의 대가라 일컬으나 그의 그림은 권력이 한데 얽혀 당시에는 권력을 탐하는 사람들에게 고가의 그림으로 팔렸다. 서울장안에 대원군의 난을 가지지 않은 사대부가 없었을 정도였다고 한다.

조금 전 시대의 그림으로는 동양화가 청전 이상범의 힘찬 그림이 떠오르고, 운보 김기창의 날렵한 미인도가 생각난다. 이러한 그림들은 부르는 게 값이다.

이와 같이 그림에는 거장의 대작이거나, 환쟁이의 막치그림이거나 할 것 없이 그에 해당하는 값으로 거래된다.

얼마 전에 예술의 전당에서 나의 지인인 나리 류민자 화백이 자신이 그린 그림 13점을 화려하게 전시했다. 넓은 전시장에 여러 개의 부스로 나누어 각기 다른 화백의 그림과 함께 전시되어 있어서 다양한 작품을 함께 관람할 수가 있어서 좋았다.

그런데 그 그림마다에 모두 다 빠짐없이 값이 매겨져 있었다. 제일 작은 작품이 1천만 원, 큰 작품은 1억2천만 원이 매겨져 있었다. 그림에 문외한인 나와 우리 묵숙 숙생 일행은 서로 얼굴을 쳐다보며 깜짝 놀랐다.

이와 같이 그림은 옛날부터 좋은 값이 매겨져 왔다. 높은 경지의 화가가 그린 그림 속에는 헤아릴 수 없이 많은 무엇인가 내재되어 있다. 그림은 감상하는 사람의 마음에서, 눈에서 제각기 다른 것을 느끼게 되고, 다른 세계를 보게 된다. 어떠한 그림 속에서 한없이 넓은 우주만상을 보기도 하고, 인간의 마음 속을 헤쳐보기도 한다. 세상의 명과 암을 보기도 하고, 인간의 애증을 보기도 한다. 그런 것들이 작용하여 비싼 값이 매겨지는 것 같다.

그런데 이상하고 이해할 수 없는 전통이 계승되고 있는 것을 우리는 체험하고 있다. 붓글씨가 그렇다.

명필의 글씨거나, 명성 높은 사람의 글씨라도 글씨에 돈을 주려는 사람이 좀처럼 없다. 글씨는 그냥 받아가는 것으로 알고 있는 것이다. 글씨는 점잔은 사대부들이 주로 써 왔다. 양반 처지에 휘호료를 챙기기에는 낯이 뜨거워 말을 못하고, 속으로만 행여나 하고 기대하다가 상대편에서 아무 말이 없으면 속으로만 "고얀 놈" 할 망정 그만 포기하고 만다.

세상에 널리 알려진 서예대가도 마찬가지다. 극히 예외적인 예로 용기 있는 서예가 중에는 제자를 앞세워 엄청 높은 값을 챙기는 경우도 더러는 있다. 어떤 사찰의 현판 글씨를 써주고 휘호료로 1억 원을 받은 서예가도 있다.

사회는 너무도 공평치 못하다.

연전에 용문산 입구에 고주삼문의 문화재급 큰 건축물을 새로 지었다. 거기에 길이 7미터나 되는 긴 마룻대소나무에 상량문으로 100자가 넘는 글귀를 손수 지어 큼직하게 휘필했다.

이른 봄 3월에 필기구를 갖추어 차에 싣고 현지에 임했다. 매서운 봄바람에 추이를 무릅쓰고 긴 나무를 타고 서서 언 손을 입김으로 녹여가며 붓을 잡고 한 자 한 자 써내려 갔다. 자칫 실수라도 하면 대패로 다시 밀고 새로 써야 하기에 정신을 바짝 차리지 않으면 안 되는 조심스런 작업을 힘을 들여 썼다. 그리고 며칠 후 봄비가 소나기처럼 내리는 가운데 시루떡을 차려놓고 상량보를 필목에 감아올리는 상량식을 마쳤다.

내 마음 속에는 수고한 대가도 있고 하여 얼마간의 휘호료를 챙겨주겠지 하고 기대하고 있었는데 아무 소리가 없다. 그런 후에 고주삼문에 걸을 현판 글씨를 또 써달라고 의뢰해 왔다. 그래서 큰 붓을 듬뿍 적셔 또 써주었다. 나는 그 휘호료는 챙겨주겠지 하고 요원한 꿈을 좇고 있었다. 그런데도 감감무소식이었다. 동료 회원들이 무어라고 한마디 한 뒤에야 기술자라는 사람이 전화로 불러서는 수고하셨다면서 봉투 한 장을 내민다. 점잖은 처지에 그 자리에서 열어볼 수가 없어서 나중에 집에 와서 봉투를 열어본 나는 꿈에서 깨어난 것처럼 환상에서 깨어났다.

아서라. 탐욕은 죄악이다. 나의 손 자취가 그곳에 남아있다는 그것만으로도 복이다. 그것으로 만족하자. 남을 위해 봉사하는데 이골이 난 내가 아니었던가 하고 스스로 위로하고 말았다.

요즘 전통한옥을 많이 짓는다. 어떤 사람은 많은 돈을 들여서 번듯한 한옥을 대궐집처럼 웅장하게 짓는다. 그 상량문을 글씨 좀 쓴다고 나를 찾아와서 써달라고 부탁해 오는 사람이 많다. 그러면 지난 날들의 숱한 경험을 되새겨서 요리조리 핑계를 대고 사양한다. 그래도 막무가내로 매달리면 어쩔 수 없이 또 응낙하고, 바쁜 시간을 쪼개어 문방도구를 챙겨서 차에 싣고 건축현장에 달려간다.

반질하게 다듬은 나무를 타고 서서 먹이 번지지 않게 분필로 칠해가며 한 자 한 자 정성 들여서 써준다. 휘호를 끝내고 벼루를 닦고, 먹이 묻은 붓을 비닐봉지에 넣어 차에 싣고 있으면, 박카스 한 박스를 내밀면서 수고했다고 치사한다. 그리고 덧붙여 하는 말이 상량식 때 와서 막걸리 한 잔 하시라고 생색을 낸다. 어렵게 시간을 내어 휘호해준 대가가 고작 그것이 전부다.

이제 체념에 이골이 나서 없었던 것으로 단념하고 만다. 마음이란 보석과 같아서 순수할수록 값어치가 더 나간다지 않던가. 옛날의 선비들을 생각하며 오늘도 이웃을 위해 덕을 쌓았노라 하고 잊으면 그만이다.

옛날부터 익히 들어왔던 말로 '겉옷을 달라면 속옷까지 주라고 한 성현들의 가르침을 생각하면서 즐거이 잊어버리자, 그렇게 너그러이 단념하면서 남에게 주고, 베풀기만 하는 위대한 바보가 되자.' 하고 치부해버리면 비록 가난한 삶을 살더라도 마음에 수양도 되고 편해진다.

그와 같은 푸대접을 받으면서도 말 한 마디 할 수 없는 것이 점잔은 체면을 앞세운 얼어 죽을 선비요, 나약하기 짝이 없는 얼빠진 서예가들인 것이다.

글씨는 연필로 쓴 글씨이거나 붓으로 쓴 글씨이거나 할 것 없이 우리가 매일매일을 써오는 생활의 일부다. 그것이 그림과 다른 점이다. 그런 글씨를 붓을 들고 좀 썼다 하여 돈을 받으려는가? 하는 정도로 사람들은 여기고 있는 것이다.

그림을 공부하여 완숙하는데 15년쯤 걸린다 치면, 붓글씨를 공부하여 완숙하는 데는 그 배에 가까운 25년은 걸려야 한다. 그만큼 어려운 것이 서예글씨다. 그 긴 세월을 오로지 매달려 공부하고서야 서예가가 된다. 그렇게 공부한 노력이 가난을 타고 앉아서 "나는 격이 높은 인품을 지녔다"라고 남이 아닌 자기 스스로가 고매한 체 만족하고자 할 뿐, 돈하고는 담을 쌓아야 한다.

그런 까닭에 가난할 수밖에 없고, 자신에게 돌아오는 보상은 건축현장의 땅바닥에서 한숨을 띄어 마시는 막걸리 한 잔에 박카스 한 박스다. 허무하고 섭섭한 마음에 기가 막혀 하늘을 우러러 탄식할 수밖에 없는 처지로 전락되어 있는 것이 서예가들이다.

그러나 서예를 금전과 결부시키지만 않는다면 서예 그 자체만으로 볼 때는 무엇보다 격이 높은 예술이다. 동시에 문학적 지식을 수반하는 높은 경지의 예술이다. 다만 금전 문제에 있어서만은 인식의 차이가 너무도 크다는 것을 실감하지 않을 수가 없다. 이와 같이 현실적 어려움에 처해 있는 것이 서예가들이 겪어야 하는 고상한 비애다.

우리 사회에서 변하지 않는 것이 있다면 바로 "서예글씨는 공짜다" 하는 편견이요, 서예가에 대하여 인격은 높이 사되, 금전적으로는 푸대접하는 것이다. 이것이 옛날부터 내려오는 변하지 않는 고질적 세태다.

노인 변비

원래 변비기가 있었는데 나이가 들면서 점점 더 심해졌다. 변비로 아랫배가 묵직하고, 더부룩하면 온갖 신경이 그리로 쏠려서 무슨 일에 집중할 수가 없다. 책을 보아도 눈으로만 헛보게 되고, 무슨 일에 집중하지 못한다. 따라서 의욕도 그만큼 감소된다.

그래서 요구르트를 먹고, 고구마를 먹고, 다시마를 먹기도 한다. 그래도 안 되어서 기어이 식이성분이 들었다는 아락실 같은 변비약을 먹는 때가 많다. 그럼에도 일 년에 관장약을 50개 들이로 두세 박스를 사들인다. 힘이 부쳐서 나올 놈은 못 나오고 허리만 아프다. 그럴 때 관장약이 힘을 도와주기 때문이다.

지금은 변비에 좋은 약과 음식이 널리 알려져서 누구나 다 알고 있다. 그런데도 변비로 고생하는 사람이 너무나 많다. 옛날에는 대부분의 가정에서 반찬이라고 김치 깍두기와 된장찌개가 고작이었다. 이것 모두가 발효식품이다. 그래선지 변비로 고생하는 사람이 지금처럼 많지는 않았다. 그러던 것이 지금은 변비약 광고가 안 보이는 곳이 없다. 그만큼 변비가 심해졌다.

집에서 요구르트를 만들어서 잘 먹고 있었다. 늙은 아내더러 재주가 참 좋다고 칭찬을 아끼지 않았는데도 요즘은 만들지 않는다. 막걸리가 요구르트와 같은 발효식품으로 효과가 클 것이라는 누구도 하지 못할, 그래서 특허라도 내고 싶은 위대한 생각을 내가 해냈다. 내심 손뼉을 치면서 차를 몰아 지평에 갔다.

6·25전쟁 때 중공군과의 격전에서 지평 고을이 다 불에 타고, 부서지고 했는데 이 막걸리 양조장만이 고스란히 그대로 남아 있었다. 그 양조장에서 만들어내는 지평 막걸리가 소문이 날 정도로 맛이 일품이다. 그래서 가끔 가서 반말들이로 한 통 사오면 자식들이 와서 함께 먹어도 한동안은 잘 먹었다. 그 막걸리를 한동안 잊어버리고 있었다.

이 특허감 막걸리를 이번에는 변비약으로 사왔다. 저녁에 몇 잔을 취기가 돌도록 꿀꺽꿀꺽 마셨더니 이튿 날 아침에 아랫배가 사르르 아프면서 변의가 일어 그런대로 다소 수월하게 해결되었다. 몇 시간을 지나자 다시 한 번 그간 묵혀두었던 것을 아낌없이 다 내놓았다.

이 12도짜리 막걸리를 술로 먹는 것이 아니고, 약으로 먹는 것이니 만큼 저녁에 딱 한 잔씩만 먹기로 했다. 그런데도 관장약을 자주 쓰고 있다. 노인에게 오는 증세로 뱃심이 약해서 그렇다. 그래서 두 잔씩을 먹을까 하고 생각도 했지만 간에 지방이 껴 있으니 술을 조심하라는 의사 사위의 진단을 받은 터였다.

동해안에는 고기잡이배가 쉴 새 없이 드나드는 어항이 여기저기에 산재하고 있다. 옛날에는 고깃배가 만선으로 돌아오면 곧장 어시장이 있는 인근의 큰 어촌의 공판장으로 가져갔다. 그러던 것이 지금은 그런

공판장에 가져갈 필요 없이 출항한 어촌에서 직접 소비한다. 그러니 크고 작은 어촌마다 회를 먹는다고 사람들이 붐비지 않는 곳이 없다.

삼척의 남쪽 해안 원덕읍에 임원항이 있다. 근방에 덕구온천이 있어서 사람들이 무척이나 붐비는 어항으로 바다를 이어 늘어선 횟집이 수십 개는 된다. 회가 싱싱하고 무엇보다 회 값이 싸다. 거기다가 회집 앞에서는 건어물을 직접 말리면서 싼 값에 팔고 있다. 그러니 인기 높은 어촌으로 날로 사람들이 모여들 수밖에 없는 곳이다.

나는 몇몇 노인들과 함께 1박2일 코스로 동해안을 여행했다. 천연 온천수가 계곡에 넘쳐흐르는 온천장이 근처에 있었다. 이런 온천은 우리나라에 이곳 하나밖에 없다. 덕구 온천장이다.

옛날에는 노천온천이었다. 계곡에 뜨거운 물과 찬 공기가 부딪쳐 안개가 자욱한 속에 갈대로 울을 처서 남녀 칸을 구분해 놓은 노천 온천장이었다. 갈대 사이로 남과 여를 서로가 넘보이는 엉성한 울이었다.

나는 광부들이 저녁에 일을 마치고 목욕하는 단순한 샤워장이었을 때에 가 본 일이 한 번 있었다. 그 때에는 운치도 별로 모르고, 엉성한 울 때문에 체면상 그랬는지는 알 수 없었지만 노천탕을 피해 가건물인 온천 샤워장에서 목욕하고 왔었다. 그 당시에는 차도 없어서 손을 흔들어 광산트럭을 세워 얻어 타고가야만 했다. 나올 때에도 그렇게 했다. 따로 붙인 이름도 없었다. 그저 온천물이 흘러들어오는 창고 같은 샤워장이었다.

그 샤워장이 탈바꿈했다. “섭씨 42~4도의 적온을 유지하고 있는 국내유일한 지표면 용출 자연온천으로서 피부병을 비롯한 관절염과 신경통에 효험이 있다.”고 선전을 하면서 관광객을 불러들이고 있다. 광활

한 규모의 호텔 덕구온천이 생겨났고, 주변에 대형 콘도가 들어섰다. 그리고 승용차와 관광버스가 수천 평 주차장에 메어진다.

우리도 드넓은 주차장에 차를 세웠다. 수백 명이 함께 들어갈 수 있는 넓은 대중탕엔 온갖 시설을 다 갖추어 놓았고, 옥외노천장도 스파월드라는 이름을 붙여 따로 만들어 놓았다. 하늘을 쳐다보면서 시적 감흥을 느낄 수 있게 시설해 놓았다. 안에는 뽀얗게 김이 서린 탕 속에 사람으로 붐빈다.

우리는 개운한 몸으로 차에 올라 임원항으로 차를 몰았다. 오늘도 예외 없이 즐비하게 늘어선 횟집에 싱싱한 횟감이 미집행 사형수의 신세로 죽음을 기다리면서 물이 가득 찬 넓은 붉은 플라스틱 함지박에서 살아볼까 하고 뛰쳐나오려고 제각기 펄떡이면서 물을 퉁긴다. 그런 함지박통을 집집이 두 줄, 세 줄씩 늘어놓고 손님을 호객한다.

우리 일행이 주인 여자가 예쁘게 생긴 집에 홀려들었다. 횟감 몇 마리를 골라 흥정하고, 방이랄 것도 없는 대충 꾸민 방에 들어가 회 뜨기를 기다리고 앉았다. 앞뒤 둘레에서 손님들이 티셔츠의 소매를 걷어 올리고 싱싱한 회를 초고추장을 듬뿍 찌어 쌈에 싸서 아귀가 터져라하고 소주를 곁들여서 잘도 먹는다. 한참만에 우리 상에도 회가 올라왔다. 소주 몇 병하고.

그런데 온천장에서부터 아랫배가 묵직하여 거북스럽던 것이 맛있는 회를 보더니 드디어 본성을 드러낸다. 그때까지만 해도 아무 일도 없는 체 하고, 바깥의 공중화장실에 슬그머니 달려갔다. 그런데 이것이 짠다고 쉬이 나올 놈이 아니고, 힘을 준다고 순순히 나올 놈도 아니다. 제 본색이 드러난 것이다. 한참을 땀을 흘리다가 그냥 없었던 일처럼 바지를 추스르고, 횟집 좌석에 점잖게 다시 앉았다. 물론 손은 씻었다.

술잔을 높이잡고 위하여! 하고 외치면 다른 한 사람은 소취하, 당취평! 하고 억양을 중국말 하듯 외친다. 그리고 해설한다. "소주에 취하면 하루에 끝나고, 당신에게 취하면 평생을 간다"라며 깔깔거린다. 나도 함께 잔은 들었다. 젓가락도 집었다. 그리고 소취하도 외쳤고, 당취평도 외쳤다.

그러나 어쩌리오. 이 해묵은 변비를. 오늘따라 관장약도 갖추지 못했다. 이 고통스런 여행길에 월궁항아가 하강하여 구슬상에 진수성찬을 베풀고, 백옥 잔에 자하주를 따라준다 한들 그게 눈에 들어오랴.

"오호라 측간신이시여! 원하옵고 비옵나이다. 이 내 고통 덜어주옵소서." 하고 내심 빌어도 본다. 비는 데는 무쇠도 녹는다는데 그렇게 빌어도 여전히 응험이 없다.

술은 이미 몇 병째 뚜껑을 따고, 모두들 취기가 몽롱하여 희희낙락하는데 나만 홀로 흥취는 커녕 수심에 얼굴을 펴지 못한다. 모두들 술잔을 잡고 벌써 몇 순배째 소취하, 당취평을 외치는데 흥을 돋우고자 하나 흥취는 일지 않고, 젓가락 들기조차 싫어지니 맛있는 우럭이면 무얼 하고, 광어면 무얼 할까. 다만 뒷구멍만 원망스럽고 우울할 뿐이다.

다음날 아침에도 아랫쪽과의 협상이 끝내 결렬되었다. 무척이나 까다로운 녀석을 원망하면서 임원항을 떠났다. 내 성화에 못 이겨 일찍 길을 떴던 것이다.

그렇게 참고 참다가 집에 가서나 해결하자고 다짐하나 천 리 밖에 있는 집을 언제 갈 것이며, 그 동안을 어찌 감당할 것인가 하고 생각하니 한숨만 터져 나온다.

언젠가 한 번은 며칠을 묵혔던 것이 나오려고 애를 쓰고 있었다. 관장약을 두 개나 연거푸 넣었는데도 난산이다. 항문 둘레에 베이비오일을 듬뿍 발랐다. 그런데도 차도가 없었다. 한 50분을 허리가 끊어지도록 짜고, 그렇게 고생했다.

그러는 동안 힘을 너무 주어서 초산하는 산모가 지치듯이 지치고 지치다보니 나올 것은 나오지 않고, 엉뚱하게 콧구멍에서 모세혈관이 터져 선혈이 주르르 흘러내린다.

변기 앞 하얀 타일바닥이 시뻘겋게 선혈이 낭자했다. 이런 코피는 처음 겪었다. 50분이나 힘을 주다보니 머리까지 상충한 것이다. 그런 일이 있고부터 30분짜리에도, 20분짜리에도 걸핏하면 코피가 터졌다. 이번에도 그럴 것이 뻔히 내다보인다. 보나마나 또 50분짜리는 될 것 같아 미리서부터 겁을 먹는다.

차는 달린다. 돌아갈 길은 아득한데 파도는 포말을 일으키며 해안에 부딪고, 추운 하늘에 울부짖는 갈매기 소리가 몹시도 처량하게 들려온다.

간밤에 잠을 설치다보니 졸음이 밀려와서 뭉개진 얼굴 표정을 짓다가 차 안 뒷좌석에 기대어 잠시 졸고 있었다.

윤기가 번들번들한 돼지순대가 양복바지 오른쪽 가랑이 속에서 발뒤꿈치를 향하여 한도 끝도 없이 계속해서 줄줄 이어 나온다.

일장춘몽이란 이런 것이었던가?

客地 秘結 객지 비결 - 객지에서의 변비

列廛百肆衍盈魚 열전백사연영어
鮮膾人人嗜慾祛 선회인인기욕거
祕癖心昏遊苦境 비벽심혼유고경
嗚呼厠神許憂除 오호측신허우제
把觴欲興無情趣 파상욕흥무정취
厭箸但傷未思慮 염저단상미사려
千里外遊歸道遠 천리외유귀도원
寒鷗空叫神多虛 한구공규신다허

줄지어 늘어선 가게에 생선이 지천이라
싱싱한 생선회를 소매 걷고 즐겨먹네
해묵은 변비로 마음 어둔 여행길 고생을
오! 측간신이시여 이 내 걱정 덜어주오

술잔 잡고 흥 돋아도 재미 바이 일지 않고
젓가락 들기조차 버거우니 속상할밖에
천리 밖 여행이라 돌아갈 길 멀고멀어
차가운 갈매기소리에 마음 비워본다지만

소록도

전라도 길 - 소록도로 가는 길에

한하운

가도 가도 붉은 황톳길
숨 막히는 더위뿐이더라

낯선 친구 만나면
우리들 문둥이끼리 반갑다

천안삼거리 지나도
수세미 같은 해는 서산에 남는데

가도 가도 붉은 황톳길
숨 막히는 더위 속으로 절름거리며

가는 길

신을 벗으면
버드나무 밑에서 지까다비를 벗으면
발가락이 또 한 개 없다

앞으로 남은 두 개의 발가락이 잘릴 때까지
가도 가도 천리 먼 전라도 길

미국에서 먼 길을 떠나 이곳 소록도에 온 나의 손자와 큰딸의 기별을 받고 여수, 순천을 여행하던 우리 내외와 반갑게 만나 소록도의 중앙공원을 산책하고 있다.

외부와 철저하게 격리했던 지난 날의 소록도를 지금은 외부와의 연결을 쉽게 하기위해 소록대교를 설치했다. 그래서 수많은 방문객과 자원봉사자들이 이곳 소록도를 찾고 있다. 지금의 소록도는 평화로운 섬이다. 이따금씩 걸어 다니는 머리가 하얗게 센 노인은 발가락이 없는지 약간 절뚝거릴 뿐 일그러진 얼굴엔 평화를 품고 있었다. 또 비교적 건강해 보이는 노 환자는 손수레를 끌면서 우리에게 미소 짓는 여유로움이 있었다. 100년이 넘는 역사적 고난으로 상처 받은 지난 날의 그 사람과는 전혀 다른 사람으로 보였다.

우리나라에 문둥병은 600년 전에 있었다. 그 이전에도 있었을 것이나 다만 기록이 없어 알지 못한다.

세종 조에 제주도에서 나질癩疾(문둥병)이 창궐한다는 장계가 조정에 올라왔었다. 이것이 우리나라에 처음 있은 한센병 기록이다.

소록도는 전라남도 고흥반도 끝의 녹동으로부터 500미터 거리에 위치하고 있는 작은 섬이다. 섬 생김이 마치 작은 사슴 같다하여 붙여진 아름다운 이름이다.

100년 전에 일본에 의해 소록도에 나병환자를 수용할 자혜원이 설립되었다. 정확히 말하자면 문둥병 환자들의 수용소였다. 이것이 1916년 2월이었다. 일제는 거리의 아무 곳이나 떠돌아 다니면서 걸식을 일삼는 한센병 환자들을 강압적으로 끌어다가 소록도에 새로 설립한 한센병 수용소인 자혜원에 강제 수용했다. 이와 같이 전국에서 모아들인 환자 수가 무려 6천명에 이르렀다.

당시 육지에 있던 한센병 환자들은 가족이 전염될까 염려하여 울음을 참으면서 스스로 집을 떠나 방랑의 길에 나서야했다. 모진 목숨 그래도 이어 가려고 집집마다 가게마다 찾아다니면서 각설이타령으로 몇 푼씩을 얻어갔다. 그렇게 걸식을 하면서 천형의 몸을 이끌어 모진 목숨을 이어 갔다.

손가락 한 마디

한하운

간밤에 얼어서
손가락이 한 마디
머리를 긁다가 땅 위에 떨어진다

이 뼈 한 마디 살 한 점
옷깃을 찢어서 아깝게 싼다
하얀 붕대로 덧싸서 주머니에 넣어둔다
날이 따스해지면
남산 어느 양지 터를 가려서
깊이깊이 땅 파고 묻어야겠다.

한하운이 자신의 처지를 애닯게 읊은 이 시처럼 손발과 얼굴은 일그러지며 변형되어 썩어 문드러지고, 감각이 없어 자신도 모르는 사이에 손가락이 떨어지고, 발가락이 떨어져 나갔다. 환부에서 고름이 터지고 악취가 심했다. 누가 어떤 잘못을 저질렀기에 이런 형벌을 받아야 하는가 하고 분노하고 스스로를 저주했다.

구약성서 욥기의 고통을 그들은 현실로 겪었던 것이다. 욥은 원망하는 말로 "나의 형제들도 나를 멀리 떠나게 하시니 나를 아는 모든 사람이 내게 외인이 되었구나. 내 친척은 나를 버리며 가까운 친척은 나를 잊었구나 -〈욥기 19장 중에서〉" 하다가 또 "내 숨을 내 아내가 싫어하며, 내 동포들도 혐의하는구나. 어린아이라도 나를 업신여기고, 내가 일어나면 나를 조롱하는구나 -〈욥기 19장 중에서〉"

이와 같은 고통을 겪고 있는 자혜원에 수용한 병약한 환자들을 일제는 강압적으로 동원하여 중노동 현장에서 채찍으로 피멍이 들게 했다. 몸을 움직이는 것조차 벅차고 힘든 그들이 굶주림에 시달리면서 인근의 붉은 원토原土를 실어다가 벽돌을 구워야 했고, 그 벽돌로 감금실과 검사실을 지어야했다.

그때까지만 해도 문둥병이 유전되고, 전염되는 줄 알았다. 그래서 그 감금실의 단종대에 눕혀 묶어놓고, 신의 섭리를 역행하는 단종斷種 수술을 하여 신생아가 태어나지 못하게 했다. 그래도 태어난 아기는 미감아(아직 한센병에 걸리지 않은 아이)라 하여 호적(주민등록)에도 올리지 못하고 인간에서 제외시켰다. 그 부모는 한 달에 한 번만 그것도 5미터 떨어진 격리공간에서 새끼 돼지를 보듯이 잠시 바라보고 돌아서야만 했다. 바람을 통한 전염을 막기 위해 부모는 바람을 안고 서 있어야 했다. 가까이 다가설 수도 없고, 만질 수도 없었다.

그 애달팠던 자리를 수심과 탄식을 할 수밖에 없었던 곳이라 하여 수탄장愁嘆場이라 그들은 불렀다. 이와 같이 소록도의 환자들은 아픔과 절규로 가슴 저린 나날을 보내면서 죽어지기만 기다리고 있었다.

이들 한센병 환자들이 겪었던 숱한 차별과 질곡, 그리고 인권 유린은 이들을 사람으로 취급치 않았기에 쉬이 그리했던 것이다.

원생들이 의지할 곳은 오직 하나님 뿐이었다. 아픔과 절망, 배신과 분노를 하나님께 눈물로 호소하는 것 말고는 아무것도 할 것이 없었다. 교회가 여기저기 세워졌고, 소록도 거주민 대다수는 교인이 되어 하나님을 의지하며 하나님의 구원을 기다렸다.

1992년 의약의 획기적인 개발로 우리나라에서 문둥병, 나질癩疾이라 불렸던 한센병은 종결을 선언했다. 지금의 소록도 원생은 병은 완전히 나았으나 기왕에 문드러졌던 환처가 그대로 남아 있어 후유증 치료와 요양을 여생 동안 계속 받아야 할 사람들로 모두가 백발노인들이다. 오랜 세월 한이 맺힌 온갖 일들을 체험했던 붉은 벽돌 건물들을 그들 손으로 지어놓았던 검사실, 감금실이 그대로 그 자리에 우중충하게 서 있는 것을 보노라면 지난 날을 회상하다가도 그 모진 고통을 생각조차

하기 싫어 가슴에 묻혀두고 만다.

소록도 자혜의원 넓은 경내를 오래 전에 그들의 손으로 공원을 조성해 놓았다. 공원에는 지난 백년의 한이 서린 나무들이 자라서 숲을 이뤄 운치를 돋운다.

그 나무들 중에서 더러는 저들도 한센병 환자를 동정하고, 고통을 함께 하고자 울퉁불퉁 군살이 돋고, 터져가면서 제멋대로 비틀려 꼬여지며, 손가락 발가락을 잘리면서 그렇게 거목으로 자랐다. 그러면서 하늘을 저주하여 위로 솟지 않고 옆으로만 자랐다. 그 밑에 자리 잡고 있는 돌비석은 읽는 이의 가슴이 저리도록 애처롭게 호소하며 누워 있다.

한에 얽힌 소록도, 피로 얼룩진 자혜원이였던 한센병 요양원, 지금은 국립 소록도병원으로 허옇게 센 노인이 된 그들 한센인의 후유증 치료요양을 돕기 위해 한 번에 2주 이상씩 하는 봉사를 하겠다며 세계각처에서 자원봉사자가 모여들고 있다.

이 봉사에 우리 손자와 큰딸이 미국에서 일부러 건너와서 벌써 2주째 그 노인 환자들을 보살피고 있었다.

小鹿島 癩翁 소록도 나옹 - 소록도의 한센인 노인

2012년 3월 29일 소록도에서

和風巷路至純躬　　화풍항로지순궁
園藝癩軀絕致功　　원예나구절치공
生獄百年卑忍辱　　생옥백년비인욕
天刑永日淚無窮　　천형영일누무궁
拘囚昔事懷魂忌　　구수석사회혼기
苛虐往時那罪叢　　가학왕시나죄총
詛呪切望存命斂　　저주절망존명렴
心靈罹患棄人同　　심령이환기인동
四肢顔貌旣凶訌　　사지안모기흉홍
五指脫離自疑中　　오지탈리자의중
誕子相逢僅一朔　　탄자상봉근일삭
慈親愁嘆隔如縱　　자친수탄격여종
辛艱不盡誰能慰　　신간부진수능위
多幸終焉鶴髮翁　　다행종언학발옹
羨界已枯延只壽　　선계이고연지수
老松憐從虐癰尨　　노송연종학옹방

봄바람 그쳐 순결해지는 섬 길에
나환자들 몸 바쳐 공들인 특출한 동산
생지옥 백년을 몸 낮춰 참아내며
천형의 긴긴 날을 눈물은 하염없었다고

잡혀 간힌 그 옛날은 혼마저 미웠는데
그때의 모진 학대 무슨 죄로 갇혔더라?
저주 속에 남은 목숨 걸어가기 바랐건만
심령마저 병들었기 버린 사람 한 가지라

사지와 얼굴 모양 흉측스레 문드러지고
저도 몰래 손가락 발가락이 떨어지기도
낳은 자식 만나기도 겨우 한 달 만에야
멀리서 애돌 바라보듯, 탄식했던 그 어미

끝없는 쓰라림을 뉘 능히 위로하료
문둥병이 낫고 보니 백발의 노인이라
부러웠던 세상은 시든 목숨 이어갈 뿐
노송은 불쌍타고 등창으로 헝클어졌구나.

저자와의
협의하에
인지생략

소울빛 뒤안길

發行日 2015년 5월 1일 초판 1쇄

編著者 申 載 錫
경기 양평군 강상면 강남로 현대성우 101-202
010-5445-7072

發行處 이화문화출판사
서울시 종로구 사직로 10길 17(내자동 인왕빌딩)
02-738-9880 (대표전화)
02-732-7091~3 (구입문의)
02-725-5153 (팩스)
www.makebook.net

ISBN 979-11-5547-176-0 03810

값 10,000원